光とインテリアで整う

最高の
テレワーク
空間

インテリアデコレーター
尾田 恵
Megumi Oda

実業之日本社

プロローグ

最高のテレワーク空間をつくる方法。

私は、インテリアにその答えがあると考えています。


もう少し丁寧にいうと、あなたのテレワークでの困りごとを、インテリアが解決できる可能性があることを知っています。

私はインテリアデザインを本業とし、25年近くさまざまなインテリアに携わってきました。いま急速にテレワークが普及するなかで、「環境」を良くしたい、健康的に働きたい、と考える全ての方にぜひそのことをお伝えしたくて、本書をまとめました。


そこで、質問です。

あなたは「インテリア」と聞いて、どんなイメージを抱きますか？

「モダン」や「ナチュラル」といったインテリアスタイルで統一されたお洒落な室内でしょうか。あるいは、「ミッドセンチュリー」や「ヴィンテージ」など、トレンドの家

具や照明器具でしょうか。

ファッションと同じく、流行に敏感で横文字の多い世界。

非日常や夢のある空間をつくることがインテリアの仕事。

自分で自分の仕事を美化するつもりはありませんが、そういう私もこの世界に入ったころは、お洒落で洗練された仕事というイメージが先行していました。

ご挨拶のときに、自分のバックグラウンドを「インテリアデザインが専門です」とお伝えすると、多くの方が開口一番に「お洒落ですね〜」と言ってくださいます。

そう、確かに空間をお洒落に魅せる世界ではありますが、実はそれはインテリアの一面にすぎません。正直に言うと、私もこの世界に入ってから、今まであまり知られていなかった別の一面があることに気づいたのです。

「インテリア」とはすなわち生活環境で、暮らしの土台として機能していること。

その土台の良し悪しで、私たちの健康も左右されること。

つまりインテリアは、私たちの「健康」を下支えするための大きな役割をもっている、というのが今の私の考えです。それが本書でご紹介する、インテリア健康学「Active

Care®（アクティブ・ケア）」であり、最高のテレワーク空間をつくるメソッドなのです。

私の仕事の原点となっているのは現場です。

土足で踏み込む解体前から施工中、そして完成まで。時間が許す限り現場で過ごすことで、これまでにずいぶん多くの生きた学びを得てきました。現場を知り、調査することを、業界用語で「現調」といいますが、これは研究でいう「フィールドワーク」だと最近になって気づきました。ただ学びたい、知りたい、答えが欲しい、という思いから生まれた行動によって、多種多様な「生活環境のフィールドワーク」を重ねてきたように思います。

そうするうちに、インテリアが変わることで、生活者の行動や習慣まで変わる事象を目の当たりにすることになりました。ある方は部屋が変わったことをきっかけに、食習慣や飲むお酒まですっかり変わってしまいました。また就寝はいつも明け方4〜5時ごろという生活を送っていたある方は、インテリアの光を変えたことで、夜11時ごろには自然に眠くなってしまう身体に変わってしまいました。その上、朝活ウォーキングもされるようになったのですから、光は驚きの変化を行動にもたらしたのです。またキッチンをリフォームしたことでご主人の帰宅時間が変わり、ご夫婦間の良いコミュニケー

ションにつながったことも嬉しかったエピソードのひとつです。本書でご紹介する片頭痛症状が和らいだ事例もそうですが、インテリア（＝生活環境）の変化によって心身の状態、家族との関係性までもが変わるということを、私はさまざまな現場経験を通じて実感してきたのです。

インテリア＝生活環境だと考えると人に良い影響を与える生活環境をつくることこそ、インテリアの目的であり、本質であり、これからの役割だと思います。そのことに気づいてからは、インテリアを心身の健康に役立てるために働くことが私の目指す道となりました。

インテリアを健康に役立てるためには、医療との融合が必要です。

そこに必要なのは、人をより良く知るという意味での医療の知識です。また同時に医療には、環境要因と関連する疾病予防を実践するうえで、インテリアのスキルが役立つはずです。ふたつはまったく異なる分野ですが、ともに手を携え、協働することできっと「新しい医療」が生まれるはず――。

「インテリアと医療の架け橋」を目指したいという想いが、公衆衛生大学院で学ぶ現在につながっています。

私は医師ではありません。

病に苦しむ人を目の前にしても、「治療」はできません。

しかし「予防」であれば、できることがあるかもしれない――。

コロナ禍において、私たちのライフスタイルは一変しました。そして、住環境のあり方も、大きく変わりました。

特に今、テレワーク導入後に心身の不調を訴える方が増えているというニュースを聞くたびに、「環境」を整えることは急務だと感じています。しかも、テレワークを実施する企業の約8割が、在宅勤務時の作業環境への確認は行っていないことも報告されています。

テレワークはプライベート空間で行われているために、適切な介入方法が見つかっていない――。

インテリアのプロとして、まさに必要とされていることを、一日でも早くお伝えしたいと感じたのです。

先日、お世話になっている歯科医師から、こんなお言葉を聞きました。
「私が患者さんにお話しするときいつも思うのは、自分の家族（身内）ならどうアドバイスするか、ということなんです」。

実は私も、インテリア提案に関して、ずっと同じことを考えてきました。
例えば、リノベーションの場合、コスト内でより良いプランを考えるときに、もしお施主様が自分の家族なら？　と考えます。ここは費用をかけてでも大事なところ、ここは優先順位が低いのでコストダウンをしてもよいところなど。完成した空間が最終地点ではなく、コストにメリハリをつけ、空間を使い続けたあとのことも大事に考えることが、家族目線だと思うのです。

そこで本書も、テレワーク中の家族がいたらぜひ伝えたい、と思う視点でまとめています。時々、私のセミナーに参加くださった方から「もう少し早く聞いておいたら良かった」というようなお言葉をいただくことがあります。

人生にとって、住まいを変えるタイミングはそう多くありません。新築やリノベーション前、というタイミングで本書を手に取っていただける方が、お一人でも多くいてくだされば嬉しく思います。

最高のテレワーク空間をつくるメソッドは、テレワーク中の健康はもちろん、暮らし全体の「時間価値を高める」ことを目的としています。繰り返しになりますが、これが私の考えるインテリアの本質であり、役割です。

「魅せるインテリアから、人を健康に導くインテリアへ」

本書がインテリアの新たな一面との出会いになり、テレワーク環境でのセルフケアが身近なものとなって、あなたの健康への一歩がスタートすることを願っています。

インテリアデコレーター　尾田　恵

光とインテリアで整う　最高のテレワーク空間　目次

2章　光とインテリア、そして健康の深い関係性

3章　「カラダとココロ」が喜ぶ光とは

4章 ちょっとの工夫&テクニックで光を味方に！

5章 光以外でも！ テレワーク空間のインテリア方程式

6章 知っておきたい空間デザインメソッド

1章

最高の
テレワーク空間をつくる
#Rule25

Rule
01

光過敏には低照度&低色温度の光が◎

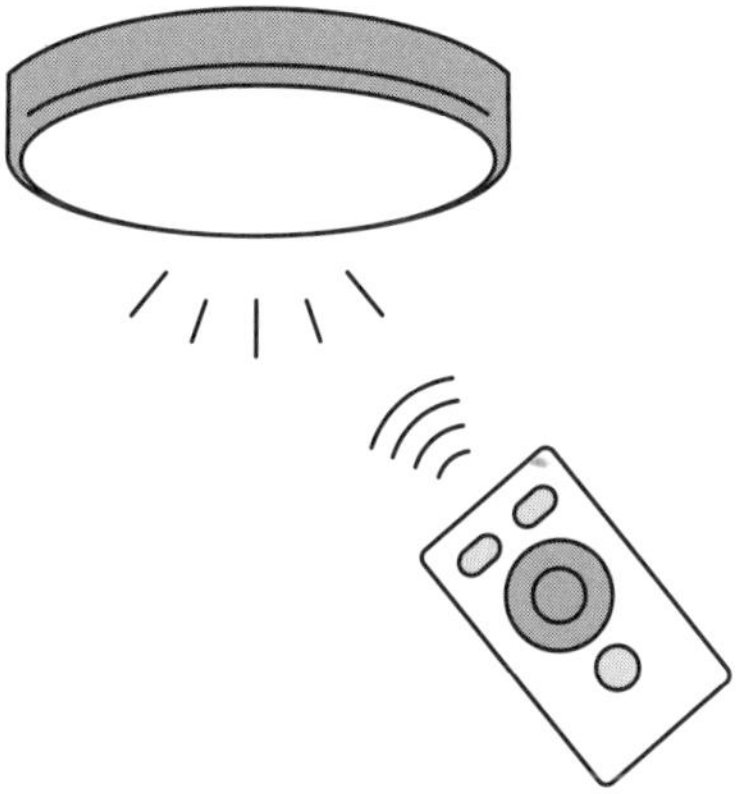

光刺激を和らげるには、明るさ（照度）と光の色（色温度）、どちらも低モードを選びましょう。光の色ではオレンジ系の電球色が低モード。市販されている調光調色機能付のＬＥＤシーリングライトなら、リモコンの簡単操作で調整が可能です。初めはやや暗いかな？　と感じてもしばらくすると順応します。片頭痛で光過敏のある方は、照明を変えるだけで症状が軽くなる方もいます。テレワークになってから頭痛が増えた、という方は光が原因かもしれません。白く明るすぎる光は刺激になる可能性があるのです。

▼▼▼第２章　照明と色で、片頭痛症状の緩和を　参照

Rule 02

コントラストより、グラデーション

コントラスト（対比色）または、グラデーション（近似色）。色のまとめ方によって、刺激の度合いが変わります。片頭痛ケアのための空間では、コントラストを極力つくらないよう、部屋全体をグラデーションカラーでまとめます。床、壁、天井、扉、巾木など、各内装材の色の組み合わせによっても、「カラダとココロ」へのやさしさに違いが生まれます。

▼▼▼ 第2章　照明と色で、片頭痛症状の緩和を
第6章　メリハリと同化の法則　参照

Rule 03

チカチカする柄は避けること

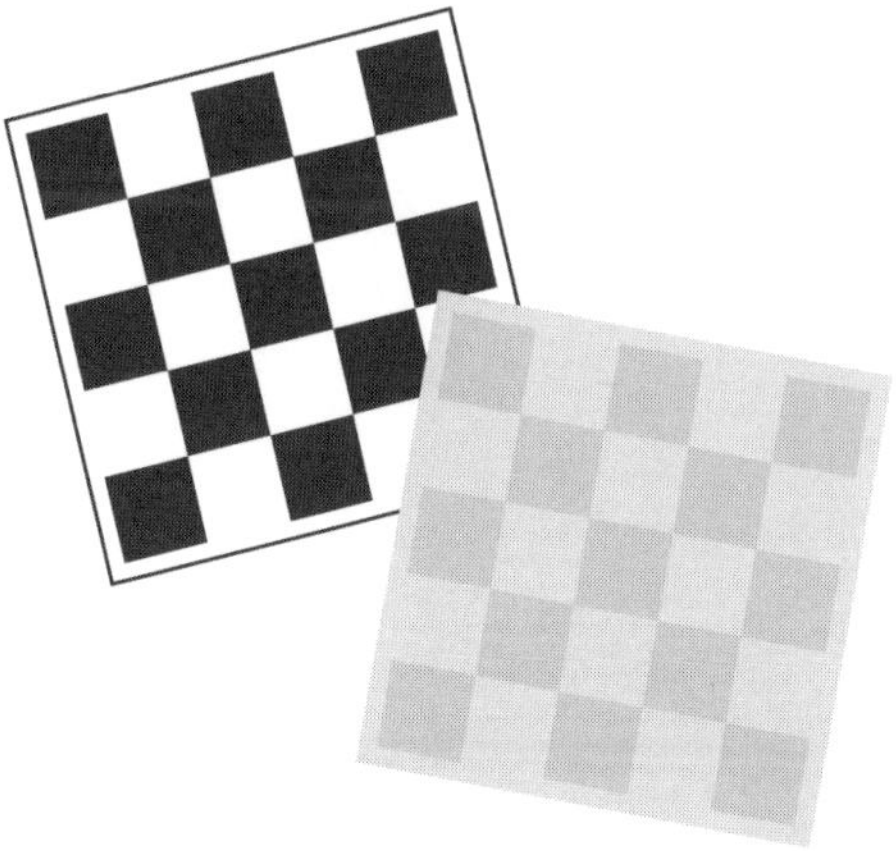

コントラストが生じやすい、ストライプや市松など規則性のあるパターン（柄）は、刺激になる可能性があります。ここでも影響の大きさを左右するのは色の組み合わせ。同じ柄でも、対比の強い白と黒、近似色のベージュとブラウンでは刺激の度合いが異なります。人によって感じ方も変わるので、チカチカするなら避けること。生活環境の柄選びは、インパクトやデザイン性に偏らない視点が必要です。

▼▼▼第2章「アクティブ・ケア」誕生のきっかけは光だった　参照

Rule 04

テレワーク空間はカフェがお手本！

カフェにいると、なぜか落ち着いて集中できる理由。これは人気のカフェに共通する〝リラックスの光〟が関係しているようです。リラックスできる光とは、オレンジ系の電球色で、明るすぎないやさしい光。イメージしていただくと、心地よく落ち着いたカフェ空間は、光がやさしくありませんか？「仕事→オフィス→白色系の明るい照明」という感覚は、テレワークにはフィットしません。脳科学的に「〝リラックス〟と〝集中〟が共存する状況こそ、最もパフォーマンスを高める」といわれていることからも、仕事の作業効率アップに、光が影響を与えている可能性は大きいのです。カフェ空間の心地よさの理由には、テレワーク空間のお手本となる要素が隠れています。

▼▼▼第3章　テレワーク空間はカフェがお手本！　参照

Rule 05

目の疲れには、周囲の明るさをチェックする

一日中、モニターと向かい合う生活は、目を酷使します。今や、作業だけでなくミーティングや研修もオンラインとなり、目が休まる時間が少なくなっています。目の負担を軽減するにはモニターの明るさだけでなく、周囲の明るさも調整が必要です。ポイントは、明るすぎず、暗すぎず。モニターと部屋の明るさにコントラストが生じないように調整しましょう。

▼▼▼ **第3章　作業に必要な明るさ（ルクス）とは？　参照**

▼▼▼ **第3章　コントラストに配慮する　参照**

Rule 06

光は自分以外に向ける

オフィスとは違って、住居は照明との距離が近くなりがちです。ここでは光の向きを要チェック。デスクライトやスポットライトが自分に向き、ときどきでも目に直接光が入ってくることがあるなら、今すぐ向きを変えましょう。光は自分に向けるのではなく、壁や天井方向を照らすよう調整します。これは手軽に間接照明をつくる方法ですが、何より光刺激を和らげることができます。

▼▼▼ 第3章　光は自分以外に向ける　参照

Rule 07

顔色アップは、照明だけに頼らない

光と健康的な付き合い方をする人は、過剰な光を避けることが上手です。オンラインミーティングの顔色アップには、照明以外にも頼りになる存在があります。それが、デスク面をレフ板代わりに使う方法。ダーク系のダイニングテーブルなら、レフ板にしたいときだけ天板を白いテーブルクロスで覆います。表情をキレイに魅せるには、下からのレフ効果を使うのがプロのテクニック。インテリアのひと工夫で、今の環境も用途別に使い分けができるのです。

▼▼▼第3章　リモートライトの使い方　参照

Rule 08

リモートライトとはHealthy distanceを保つ

光は自分以外に向けるのが基本ですが、カメラ映りを良くするためのリモートライトは顔を照らすのが一般的。そんなリモートライトは、照度が高く、距離が近いほど、その効果を発揮しますが、ただ効果と比例するように、光の刺激は大きくなってしまいます。長時間に及ぶミーティングでは、Healthy distance（健康に配慮した距離）への意識が大切です。ライトを使うときは、目がつらくない程度の距離を保ちましょう。

▼▼▼第3章　リモートライトの使い方　参照

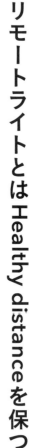

Rule
09

照明は天井になくてもＯＫ

海外のヴィンテージ住宅には、天井に照明がないケースはよくあります。その代わりに、床からのフロア照明や建物と一体化した間接照明など、やさしい光環境がつくられていることが、空間を素敵に魅せている理由のひとつになっています。海外に比べ天井高が低い日本では、天井から照明をなくすことが、低さをカバーするという別のメリットにもつながります。照明は天井になくてもＯＫとするルールは、健康だけでなく新たな空間価値を見出すこともできるのです。

▼▼▼ 第４章　間接照明はメリットがたくさん　参照

Rule 10

ひとつの空間では、光の色を統一する

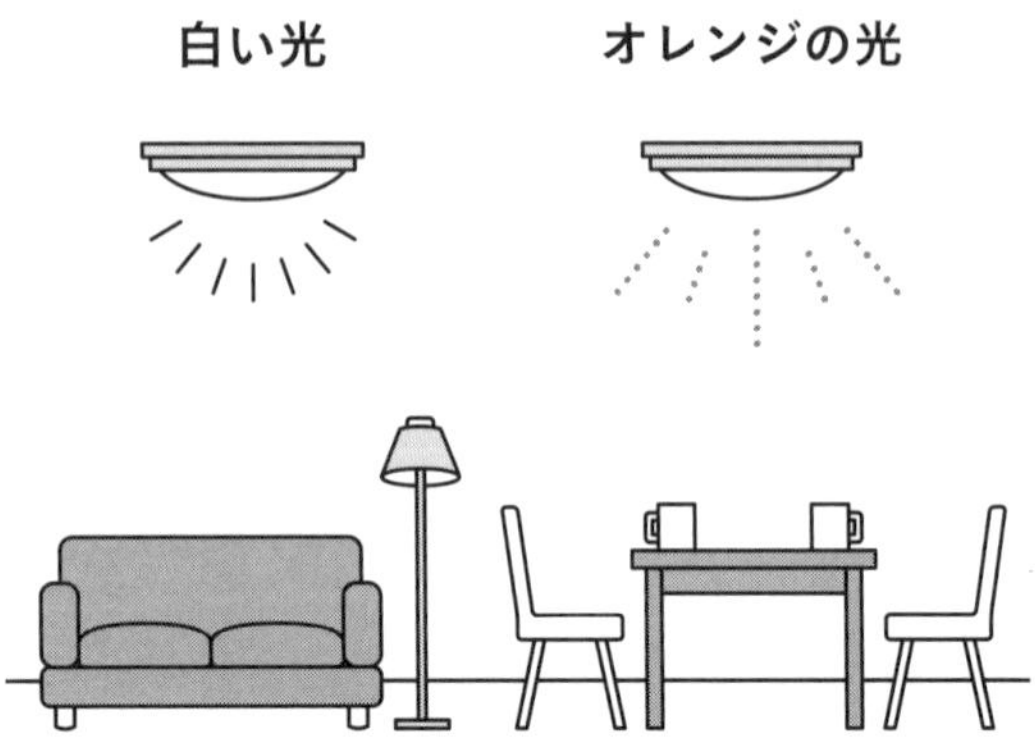

同じ空間内に異なる光色が混在する「光のムラ」は、光がもたらす刺激のひとつ。よく見ると廊下のダウンライトの光色がバラバラだった…ということがないよう、電球を購入するときには、必ず光の色（色温度）をチェックしましょう。色ムラをなくすことは刺激のない穏やかな空間をつくると同時に、空間の完成度も高めます。光の色も統一が大切です。

▼▼▼ **第4章　光は色ムラに注意！　参照**

Rule 11

睡眠にはキャンドル色が◎

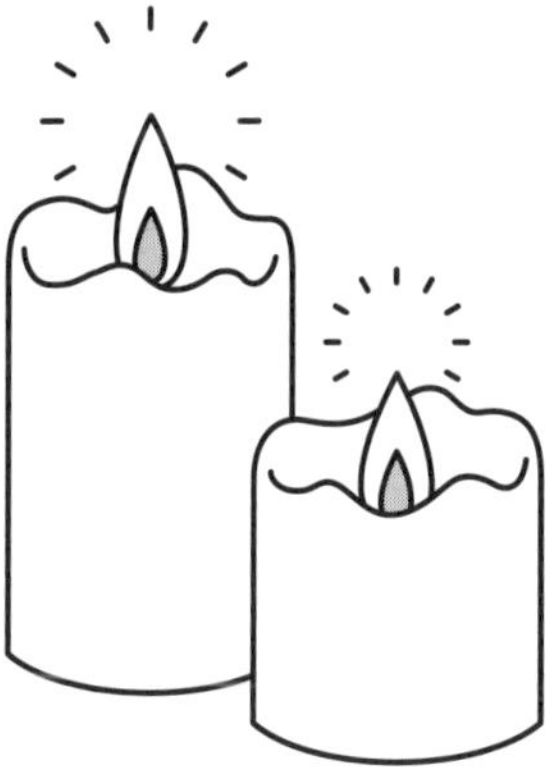

夜は睡眠ホルモンといわれるメラトニンを抑制しにくい光を選ぶことがマスト。必要なのは、夕焼けや焚き火、キャンドルのようなオレンジ系の光です。とはいえ、キャンドルでなくても、オレンジ系の光なら照明器具でも大丈夫。睡眠はテレワーク中のパフォーマンスにも直結するため、オン同様のケアが必要です。眠りにはベッドなどの寝具も大切ですが、良い光環境に身を置くことも、睡眠サポートのひとつといえるのです。

▼▼▼ 第4章　サーカディアンリズムで一日の生活にメリハリを　参照

Rule
12

遮光カーテンの閉めっぱなしはNG

外からの光をしっかり遮る遮光カーテン。遮光性が最も高いものは1級AA+といい、室内を真っ暗にできるほどの遮光性能があり、ホテルなどで使われています。ただし、テレワーク環境では閉めっぱなしに要注意。朝から外出しないまま、光の量が足りないと、体内時計が乱れてしまいます。日中の光は良質な睡眠にもつながっているのです。

▼▼▼第4章　サーカディアンリズムで一日の生活にメリハリを　参照

Rule 13

光でメリハリ。バランスは「4・4・2」

テレワークでメリハリを感じにくい方は多いようです。一日中同じ部屋というだけでなく、まったく同じ光環境で過ごすことも単調になりがちな理由と考えられます。光を変え一日にリズムをつくることは、良質な睡眠にもつながること。一日に浴びる光の量は、「朝4・昼4・夜2」のバランスを心がけましょう。

日中はカーテン越しに自然光を取り入れて、できれば気分転換の散歩もおすすめです。また夜は一変して光をグッと抑えることがポイント。雰囲気の良いホテルやバーのようなオレンジ系のキャンドルの光を思わせる、ほのかな明かりの下でゆったりと過ごしましょう。部屋の雰囲気もアップするのでぜひお試しを。

▼▼▼第4章　光で心身を整える「4・4・2」の法則　参照

Rule 14

2倍ヒダカーテンで、温熱環境を整える

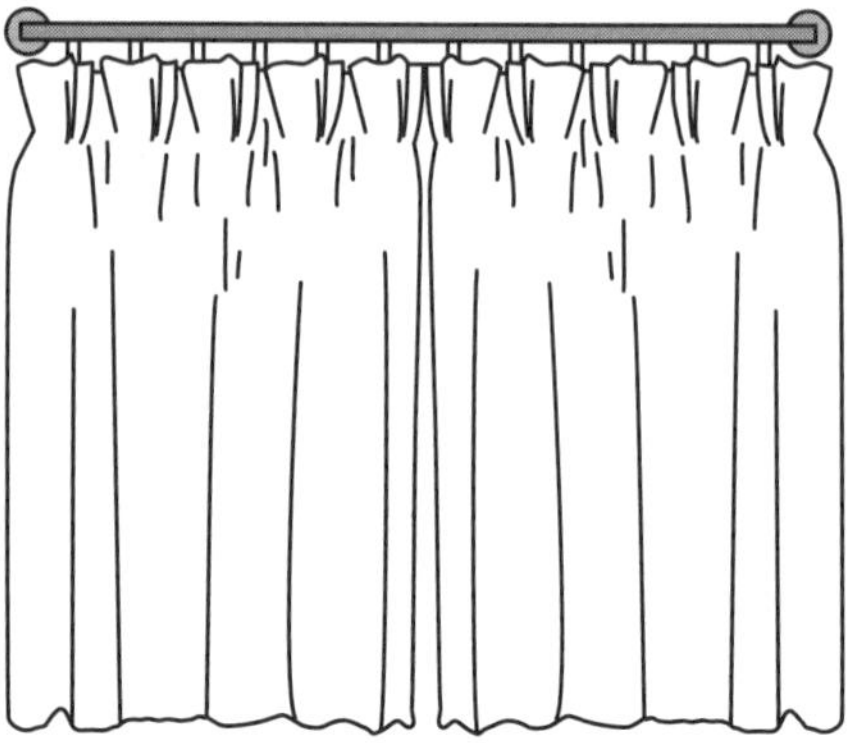

窓と室内の間で空気層をつくり、温熱環境を整えるのもカーテンの役割。さらに遮熱や遮光カーテンを使うと、光熱費削減効果もアップします。生地を多く使うほうが空気層に厚みが増し効果も高まるので、縫製仕様は2倍ヒダがおすすめです。2倍ヒダとは、窓の横幅に対し生地幅を2倍使用するカーテンのこと。一般的に販売されている既製カーテンは1・5倍ヒダのものが多く、自宅の窓に合わせて製作するオーダーカーテンは、2倍ヒダが標準仕様になっています。

温熱環境のためには、1・5倍より2倍ヒダがベターです。

▼▼▼第4章　カーテンは優れもの　参照

Rule 15

換気にはカーテンが◎

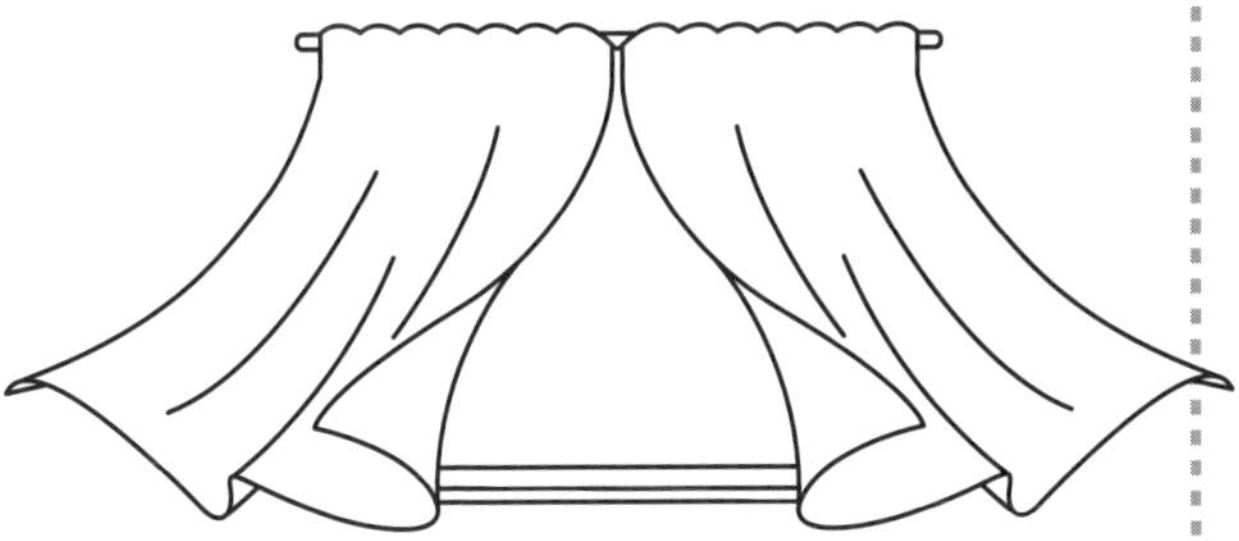

吸気と排気、対角にあるふたつの窓を開け、風の通り道をつくると効率の良い換気ができます。窓が2ヵ所ない場合はドアを開け、風の道をつくりましょう。そのとき、吸気側の窓の開口を小さくすると、風の通りが良くなります。さらに換気と相性が良いのが、風になびくカーテンです。室内のプライバシーを守りつつ、窓を開放しやすい環境をつくることで、心地良いテレワーク環境をサポートします。風との相性から選ぶなら、カーテンは◎です。

▼▼▼ 第4章　カーテンは優れもの　参照

Rule
16

ゴミ箱を減らして、運動不足を解消する

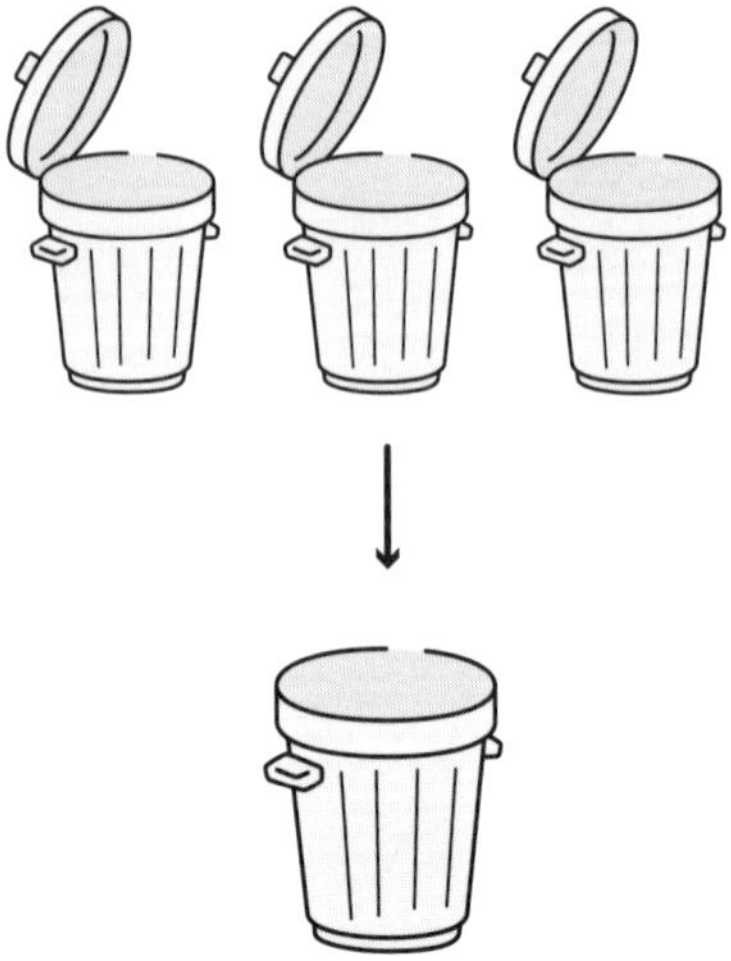

あなたの家にゴミ箱はいくつありますか？　複数ある方は、この機会にひとつに絞ってみると運動不足を解消できるかもしれません。日常生活のなかで、立つ、ちょこちょこ動くという行動を増やすと、消費エネルギーが増やせます。これをNEAT《ニート》（非運動性熱産生）といい、肥満予防にもつながると注目されています。何気なく生まれるちょっとした動きの積み重ね。テレワークにこそ、大事な視点です。

▼▼▼第5章　NEAT（非運動性熱産生）を増やそう　参照

Rule 17

健康優良物件は「駅遠」「坂道」「階段あり」の家

不動産価値が高いといわれる駅近の家。健康という視点で選べば、まったく違った価値が存在します。適度な運動習慣を生み出すなら、駅遠、坂道、階段ありの家。運動習慣がなかなか身につかないという方も、住環境を変えるだけで、日常的な消費エネルギーが増やせるかもしれません。運動不足になりがちなテレワークでは、お値打ち物件が健康メリットにつながる可能性があります。

▼▼▼第5章　健康優良物件は「駅遠」「坂道」「階段あり」　参照

Rule
18

ダイニングチェアは、あえてタイプ違いを選ぶ

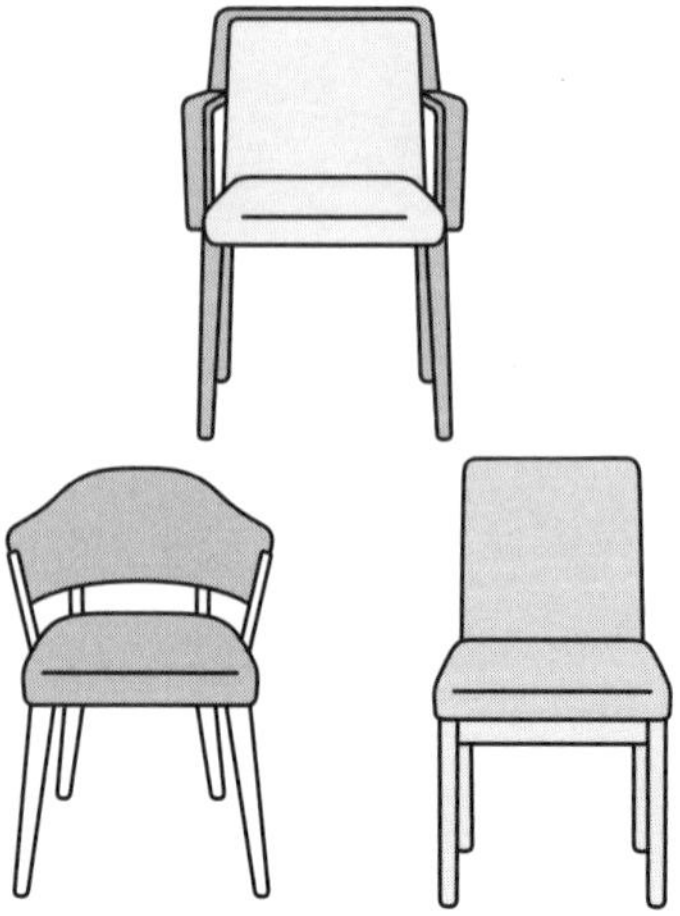

これからはオンにもオフにも重宝するダイニングチェアが必要になりそうです。おすすめは、あえて椅子はタイプ違いを選ぶ方法。アームや背もたれの有無、あぐらでも座れるタイプ、バランスボールなどいろいろあれば、時間ごとに座る道具を変えるだけで体勢が変わります。長時間同じ姿勢が続かないようにすることも、テレワークの健康ポイント。不揃いはリラックス空間をつくるための要素でもありますが、健康にも不揃いは役立つのです。

▼▼▼　第5章　ONとOFF、どちらも快適な椅子選び　参照

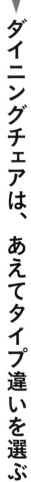

Rule 19

正しい姿勢は「差尺《さじゃく》」をチェック！

正しい姿勢を保つには、自分の身体に合った机と椅子を選ぶこと。このときチェックすべきポイントは各々の高さではなく、ふたつの間にある「差尺」です。差尺とは、机の天板の高さと、椅子の座面までの高さの差を指します。無理な姿勢が続いているように感じたら、差尺をチェック！　短時間では平気でも、長時間になると身体は大きな負担を受けるのです。

▼▼▼ 第5章　机と椅子の正しい関係「差尺」とは？
参照

Rule 20

リラックス派には、無塗装がおすすめ

リラックスにこだわるなら、木質のインテリアにはナチュラルな無塗装かオイル塗装がおすすめです。副交感神経を活発にするには、木の素材感そのままを感じられる塗装のほうがベター。素地の家具は扱いがデリケートですが、その分、人へのやさしさが触覚からも伝わります。

▼▼▼第5章　素材選びもリラックス仕様で　参照

Rule 21

集中したいなら、緑を視界に入れる

パフォーマンスを高めることが目的なら、視線に入る位置に緑を入れましょう。室内であれば、グリーン鉢を置いても、天井から吊るすスタイルでもＯＫ。借景を利用する場合は、窓向きに机の配置を変更してみる方法も一案です。視界に入る適度な緑は、集中とリラックス、両方に役立ちます。

▼▼▼ 第5章「緑視率」を意識する 参照

Rule 22

「不揃いの美」でつくるリラックス

カフェではタイプ違いの椅子が用意され、その日の気分に合わせて席が選べる店が増えました。自然に近いリラックス空間が目的なら、整然と同じものを並べるより、不揃いな選択が効果的。私はこのルールを「不揃いの美」と呼んでいます。森の木にさまざまな色があるように、テーブルと椅子の木の色を合わせない、あえての不揃い感で肩の凝らない居心地の良い空間をつくりましょう。

▼▼▼第6章　リラックス空間をつくる「不揃いの美」参照

Rule 23

To Doリストは、左の壁に貼るほうが忘れない

うっかり忘れを防ぐために、大事なことをメモして貼って〝見える化〟している方。部屋の中でおすすめの場所は、入って左側、または座ったときの左の壁です。これはインテリアで、アートやディスプレイを目立たせたい場合に使うテクニック。フォーカルポイントといって、右脳と左脳の特性から、強調したいものは左側に配置するほうが印象に残りやすくなるという、空間デザインのルールです。目立たせたいものと隠したいもの。両方に応用できるルールです。

▼▼▼第6章「錯視」を効かせて魅力ある空間を　参照

Rule 24

図面の家具レイアウトは鵜呑みにしない

マンションの間取り図面などに点線で示された家具のレイアウト。これはあなたにとって必要ないかもしれません。例えば、ダイニングテーブルとソファの組み合わせ。ソファは本当に必要でしょうか。テレワーク環境ではダイニングテーブルこそ、大活躍のアイテム。そう考えると、ソファのないテーブルだけのリビングがあってもいいのです。私はあるご家庭から、大きなソファが邪魔になっている、というご相談を受けました。お子様の成長とともにダイニングが宿題のための定位置となり、ソファはいつしか荷物置き場になってしまった、と。そこで解決策として思い切ってソファをなくし、大きめサイズのダイニングテーブルへの買い替えをご提案しました。

家をライフスタイルに合わせるためには、図面のレイアウトは鵜呑みにしない。住まい全般に共通する、自分らしい空間づくりのためのルールです。

Rule 25

コストをかけるなら、身体を委ねる家具に

限られた予算のなかで、優先順位をつけるなら身体を委ねる家具、つまり身体が直接触れる家具にはこだわりましょう。具体的には、椅子やソファ、マットレスといった、身体を直接支える道具たちです。良い家具は、見えない中身の構造に差がある場合が多いので、一見同じように見えても価格に差があります。良い家具を見分ける方法は質問力。中身のことを質問してみて、的確な回答があればそのメーカーは安心です。

身体を委ねる家具は、毎日の暮らしの質や健康を左右するので、長い目で見てコストをかけてもメリットは大きいのです。

2章

光とインテリア、そして健康の深い関係性

インテリア（Interior）×公衆衛生（Public Health）＝健康の方程式

インテリアの仕事をしながら、今、大学院で公衆衛生学を学んでいます。

以前、ある方にそうお伝えしたとき「トイレのお勉強？」と言われたことがあります。公衆（トイレ？）衛生と、イメージされたのでしょうか。私の仕事がインテリアだということを知っておられたからかもしれません。ただ、そういう私も公衆衛生とは何か？を知ったのはここ数年のことですから、その方がイメージされたお気持ちもある意味理解できます。

コロナ禍において「公衆衛生」という言葉を耳にする機会は確かに増えました。感染症予防対策を講じることが公衆衛生の一分野であり、専門家たちが感染状況を分析し、予防策を発信することで、世界中で「公衆衛生」への認知は日々広がっていると感じます。

図表 2-1 「公衆衛生」と「臨床医学」

	公衆衛生 Public Health	臨床医学 Clinical Medicine
主目的	予防・健康維持	治療・診断
対　象	集　団	個　人

シンプルにご説明するなら、公衆衛生とは「予防」を主目的とした「集団」のための医学。一方、臨床医学は「治療」を主目的とした「個」のための医学です。

例えば、がんや生活習慣病などは、その人固有の身体の状態以外に、生活習慣や環境などが原因となって病気を引き起こす場合があります。また、インフルエンザや風邪、新型コロナウイルス感染症は、家庭や学校、職場など、生活をともにする集団で流行します。こうした社会集団特有の疾病の原因や感染経路を解明・予防し、健康を維持するための研究と実践が公衆衛生の領域なのです。

また公衆衛生による健康は、１９４６年のＷＨＯ憲章前文で定義された概念に則しています。

「健康とは、肉体的、精神的及び社会的に完全に良好な状態であり、単に疾病又は病弱の存在しないことではない」

“Health is a state of complete physical, mental and social well-being and not merely the absence of disease or infirmity.”

公衆衛生が定義する健康は、わかりやすくいうと、単に「病気でない」状態と消極的にとらえるのではなく、「完全に良好な状態」と積極的にとらえている点です。

何かしらの不調を抱えているような半健康・半病気な状態も含めて、より完全な健康状態に近づけること、また、近年では疾病と共存しながら、いかに生活の質（ＱＯＬ）を高めていくかは公衆衛生の課題です。今、単に長生きすることが健康の証ではなく、健康寿命を延ばすことが重要視されている点も、これらの考えに通じています。

「カラダとココロ」の健康はつながっています。

広い視野での健康課題全てが、公衆衛生のテーマなのです。

大学院で学ぶ人の多くは医師、看護師、保健師などの医療従事者です。しかし、医療とは異なるバックグラウンドをもつ人もいます。

そう、私がその一人です。

社会（集団）を健康に導くには、医療分野以外の専門家が必要だと考えられているの

が、公衆衛生の領域であり、新しく必要とされる医療の形だと知りました。人の健康に役立てるインテリアの居場所はここにあったのです。

冒頭で申し上げたように、インテリアは単に空間をお洒落に魅せるだけでなく、生活環境をつくる一つひとつの要素です。それらの要素をバランスよく調整することで、空間価値を高めることが目的です。そして私が考えるその価値とは、まさに健康です。

一方、疾病予防や健康維持のための環境改善は、公衆衛生の古典ともいうべき分野。さらにいうと、働く人の環境や健康をより良くすることも、公衆衛生に昔からある分野です。

つまり、インテリアと公衆衛生、異なるふたつの分野は「環境を整える」という点で共通項をもっています。

公衆衛生、と聞くとインテリアとは別世界のものと思われるかもしれませんが、例えばどちらも「生活環境を整える領域」というとグッと身近になりませんか？

生活環境が人の健康にどのように影響を与え、どのような解決策が得られるのかは、まだ解明されていないことがたくさんあります。しかし、私は今までの仕事を通じて、インテリアが与える心身への影響を実感してきました。この影響をエビデンスとして示

すことができれば、インテリアは公衆衛生の実践の場となり、世の中の人の健康に貢献できるのではないだろうか――。そんな思いが、大学院で学ぶ現在につながっています。

社会のあらゆる角度から「予防」を実践するためには、医療従事者はもちろん、さらに多種多様な領域からの人材が求められています。インテリア（＝生活環境）から人の健康に貢献したい、と考えた私にとって、まさにぴったりの医学領域が公衆衛生だったのです。

特にコロナ禍の今は、感染予防の観点から、テレワーク率を高めることが求められ、多くの時間を過ごす自宅に「テレワーク」という新たな作業環境が加わりました。テレワークとは、オフィスに出社せず自宅などオフィス以外の場所で働く新しい勤務形態のことです。長時間、満員電車に揺られて通勤する必要がなくなるのは大きなメリットと言えますが、テレワークを続けるうちにストレスや体調不良を感じ、「出社して会社で働くほうが自分には合っていた」と感じる人も少なくないのではないでしょうか。

人は生活環境から多大な影響を受けています。食事をゆっくり味わう雰囲気かどうか、疲れた身体をゆっくり癒やせるリビングがあるかどうか、また、よく眠れる寝室になっているかどうか。日々の暮らしの良し悪しは、生活環境に左右されることがたくさんあ

ります。

テレワークでは、仕事とプライベートが共存しています。こうした状況を改善していくのも、公衆衛生につながるインテリアの役割だと考えています。

（引用）

厚生労働省．厚生労働白書　第一部　健康長寿社会の実現に向けて～健康・予防元年～．２０１４年

環境から〝整う〟メリット

身体に良いことはわかっていても、なかなかできない、続かない。

従来から健康のためには、まず生活習慣を改めることが大切だといわれてきました。喫煙・飲酒・肥満などがさまざまな疾病のリスク因子になることは知られていますし、運動不足の解消や食習慣の改善が重要であることは多くの方が知っています。

また、知っているだけではダメ、ということも周知の事実です。

習慣は続けることに意味がありますが、それがなかなか難しい。例えば運動習慣をつくるために、ジムに通ってみたり、お気に入りのウェア一式を揃えてみたり。習慣を続けるモチベーションを保つために、みなさん色々工夫されていると聞きます。とはいえ、気持ちはあっても、結局挫折してしまった、という方も多いのではないでしょうか。人間の身体が変わるためには約3ヵ月は必要と考えると、三日坊主を繰り返すばかりでは、逆にメンタルのほうがまいってしまいそうです。

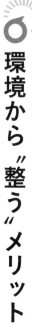

私は習慣に関して、決して優等生的な発言をするつもりはありません。

逆に、多くの方と同じく、新しい習慣をつくることの難しさはよくわかっているつもりです。習慣化するために目の前にぶら下げる人参は何にするか、ごほうびのほうを先に考えたりもします。

現在は公衆衛生の学びを通じ、習慣の改善や健診の重要性についての理解が深まりました。今の健康だけでなく、将来を考えたときに「現状を変える」ことの大切さに気づくことは重要です。これは、公衆衛生を学んで最も良かったと感じていることかもしれません。

もし、あなたも習慣を変えることは難しい、と感じているなら、今回は少し方向を変えて、環境に目を向けてみてはいかがでしょう?

環境は、一度良いものに置き換わると、良い影響が無意識に続きます。

例えば、テレワークをしていてある日を境に自分の身体に合う椅子に変え、作業するようになったとしましょう。あとは、毎日その椅子に座るだけで、身体にかかる無理な負担が減ることになります。結果として、椅子(道具)が変わり、良い作業姿勢が保たれるようになると、無理に頑張ることなく身体の不調が軽減されます。さらに直接的な

身体の痛みだけでなく、不調からくる疲労が軽減されれば、心の状態も健康に近づくようになるでしょう。

このように環境を整えることは、その後に大きな労力を伴うことなく、知らず知らずに、「カラダとココロ」が良い方向に向かうきっかけとなる可能性が高いのです。

環境は、一度変えると、良いことがずっと続きます。

習慣を変えることは難しい、と感じている方こそ「今を変える」ために、環境から見直してみる価値はあると思いませんか？

環境を変えることは、「良い習慣」を生み出す分岐点にもなるのです。

「アクティブ・ケア」誕生のきっかけは〝光〟だった

インテリアデコレーターである私がなぜ「健康」に注目するようになったのか——。そのきっかけをお伝えすると、この本の主役が「光」である点もご理解いただけるように思います。

それは十数年前、あるお客様からの不思議なひと言がきっかけでした。

「天井に一切、照明を付けたくないんです」。

私が新築のインテリアを担当したその方は、住宅ではあたりまえの天井照明をつけたくない、その代わりに間接照明とフロアスタンドだけで照明を計画してほしい、とおっしゃいました。さらに、それまでに住んでおられた賃貸住宅には、いつも天井にダウンライトやシーリングライトがついていてずっとつらかった、というのです。

当時はまだ住環境へのＬＥＤ照明の普及は進んでおらず、部屋の用途別に蛍光灯と白熱灯を組み合わせていた時代でした。ＬＥＤのメリットは省エネと長寿命。ＬＥＤが安価になり一般家庭にも普及するようになってから、そのメリットを活かした間接照明が住宅にも取り入れられるようになったのです。寿命の短い蛍光灯や白熱灯ではランプ交換の煩わしさも生じるため、おすすめとは言えなかったのが間接照明でした。しかも、動線の邪魔になりやすいフロアスタンドで明るさを確保することはあまりないケースです。

日本の住宅では、明るいことが富の象徴とされてきた歴史もあり、欧米のようにほの暗い空間とは真逆の考えが一般的です。

そんななかでのお客様の要望は、かなり異例なできごとでした。

しかも現場では、迷うときには明るめに計画することが一般的とされていました。もし完成後にお客様が暗いと感じた場合、いったん完成した状態から照明を増設するには想定外のコストが発生し、それがクレームに発展する可能性があったからです。反対に、明るすぎる場合は、照明を消せばいいので、クレームとして伝える方はほとんどいなかったのです。

現場は、「暗さ」には問題意識がありましたが、クレームにならない「明るすぎるデメリット」に気づかなかった、今はそんなふうに感じています。

天井に照明がない家の建築が進むなかで、さまざまな意見がありましたが、最終的にはご要望通りの家が完成しました。

我が家は、自分が一番心地いいように、自由につくるもの。

最終的には誰が何と言おうと、自分自身が心地いい、という基準が一番で良いと思います。ただそのお客様の一番を叶える不思議な要望は、仕事を終えてからも私の心にずっと残っていました。

その数年後、私はお客様の言葉に隠された本当の理由に気づくことになったのです。それが、片頭痛症状のひとつである「光過敏」の存在でした。

あのときお客様が望んだ照明計画の本当の意味に、初めて合点がいったのです。

光過敏とは、頭痛発作時に太陽や室内照明などの光をまぶしく感じる症状のこと。また、明るすぎる照明や白っぽい光、光源が直接目に入ることによって刺激を受け、光が誘因となって頭痛発作を引き起こすこともあります。そのため、片頭痛症状の予防や緩和には、暮らしのなかの光に配慮することが重要だといわれています。

室内の白っぽく明るい光、直接目に入る天井面のダウンライト――。日本ではよくある部屋のインテリアが、片頭痛をもつ方にはつらさを与えているかもしれない。

そして、ようやく気づいたのです。

「もしかしたら、あのお客様は光過敏だったのかもしれない」と。

空間において、光の役割はとても大きく、空間価値を高めるために絶対外してはならない要素です。ただ私がこのとき気づいたことは、さらなる価値をもたらすということでした。それが「健康」です。

「アクティブ・ケア」の光環境がもっと身近に取り入れられるようにしたい――。

そう考えた私は、光過敏配慮の視点による新しい照明器具の開発に動きました。

先程のお客様のように新築やリフォーム時には取り入れられても、今ある空間でも実現できなければ、多くの人に役立たない。

私は「アクティブ・ケア」による健康へのメリットは、誰でも手軽に取り入れられるものにしたいという思いがあり、そのためには工事を伴わなくても取付可能な簡易設置型の器具が必要だと考えました。そこで、この企画を中小企業庁（経済産業省）による「平成26年度補正ものづくり・商業・サービス革新事業」に応募、採択いただき、光過

敏に配慮したペンダントとスタンド照明「アクティブ・ケア・ライティング」が誕生したのです。
コンセプトは、デザイン性と健康配慮を両立させながら、健康を光からサポートできる照明器具。開発にあたり片頭痛の方などにご協力いただき、色温度の調光領域やセードのパターンなどを調査・検討した上で商品化につなげました。

光過敏への配慮をコンセプトにした照明器具「アクティブ・ケア・ライティング」

光過敏への配慮から、刺激を軽減した色温度領域（2700〜3500ケルビン）で調色調光できる機能を付けました。ちなみに、通常の照明は2700〜6500ケルビンで設定されていることが多く、開発器具では刺激につながる高色温度領域を無くしたことがポイントです。また、直接光源が見えない「面発光の構造」にもこだわりました。また調査の結果をもとに、セードのパターン（柄）は刺激が少ないボタニカル柄とし、デザイン性も重

視しました。

照明は、環境の良さを自分自身で体感することが重要であって、そこから「カラダが喜ぶ光の重要性」に気づくことが大きな第一歩。環境を変えることへのハードルを下げ、デザイン性も両立させる。「アクティブ・ケア」を身近なものとして届けることから、光の新たな役割、可能性も広がると感じているのです。

豆知識

セードの調査では、ボタニカル、市松、ウェーブの3種の柄に、それぞれ白黒、白茶とした計6種について評価してもらいました。結果は、ボタニカルが最もリックスし、チカチカしない傾向がみられました。刺激を和らげるためには、インテリアの中のパターン（柄）への配慮も大切です。

私は、十数年前に出会ったお客様の言葉をきっかけに、生活環境のなかに存在する「つらさのもと」に気づくことができました。

インテリアがやさしくなる↓つらさのもとから解放される↓健康になる

これが、アクティブ・ケアのルーツです。

※この商品開発の過程は、「片頭痛の光過敏に配慮した照明器具の開発」のタイトルで、平成28年度（第49回）照明学会全国大会にて発表しました。

column

「片頭痛とプレゼンティーイズム」

日本における片頭痛の有病率は、8・4%と言われています。男女別にみると、女性の有病率（12・9%）は男性の約4倍。圧倒的に女性が多いのも特徴です。また、20〜40代女性の約15〜20%、30代においては20%、5人に1人の割合です。仕事や家事、子育てに頑張る世代の多くが悩む片頭痛は、テレワーク環境を考える上でも他人事ではありません。日常生活や社会生活に支障をきたす人が少なくないといわれる片頭痛ですが、専門医を受診せず、人知れず悩みながら過ごしている方も多いそうです。

特にコロナ禍でテレワークが増加するなか、「健康経営」が求められる企業にとって、従業員の健康と業務の生産性の観点から「疾患がもたらす生活への支障」は重要な課題です。近年、労働者の生産性を阻害するものとして、プレゼンティーイズム（健康問題をもちながら出勤している状態）が問題視されるようになりました。急速なテレワーク普及により、さらにこの定義は「出勤」から「勤務」へと更新されつつあります。またプレゼンティーイズムは欠勤（アブセンティーイズム）より労働生産性の損失が大きいことが報告されており、労働者一

人あたりの年間コストにおいても、医療費、欠勤と比べ最も高い割合です。従来は働く場所がオフィスであることが前提だったため、同僚や上司が問題に気づき、対応することもできました。しかしテレワークでは、仕事中の様子が見えづらく、結果として問題が長期化したり、大きくなることも懸念されます。

米国で大規模に実施された調査研究では、10種類の疾患について生産性損失を調べたところ、片頭痛が20・5％で最も大きく、またどの疾患についても、欠勤よりプレゼンティーイズムのほうが、生産性損失が大きいことがわかりました。別の研究では、片頭痛による生産性が50％程度まで低下したという報告もあります。テレワークという企業からは見えない職場において、片頭痛対策をおろそかにすることによる機会損失は大きいと思われます。さらに、片頭痛は胃腸障害、腰痛・肩こり、睡眠障害など他の疾患にも影響があることから、長期欠勤のリスクも高まると考えられます。

これからの企業にとっては、従業員の健康や生活の質向上のために、テレワーク環境への適切な介入が必要となってくるでしょう。照明などのインテリア環境が片頭痛予防や健康維持につながり、引いて生産性の向上にもつながるということをぜひ多くの方に知っていただきたいのです。

健康的なテレワークが普及・定着するためには、企業経営者の方々にも「生活

環境の重要性」への認識を高めていただけることを願っています。

（引用）

Sakai, F., and H. Igarashi. "Prevalence of migraine in Japan: a nationwide survey." Cephalalgia 17.1 (1997): 15-22.

「アクティブ・ケア」とは？

インテリアが健康に役立つ可能性についてお伝えしてきましたが、インテリアデザインを健康に役立てる実践手法となる「アクティブ・ケア」について、次のようにご説明しています。

「アクティブ・ケア」とは、私たちが過ごす生活環境＝インテリアを整えることでストレスや刺激を軽減し、人を健康へと導く、健康管理の新しい考え方です。

特に、住まいでの「アクティブ・ケア」は、次のようにも言えると思います。

自分自身の健康を守り（＝セルフケア）、さまざまな症状と上手に向き合う、前向きで積極性のある健康管理の考え方

これまで心身の健康にとって重要なのは、食生活や睡眠、運動など、生活習慣の改善

だと考えられてきました。もちろん、そのことに異論はありませんが、「医療×インテリア」の視点から生まれた「アクティブ・ケア」では従来の視点に加え、日々の暮らしのなかで大きな影響力をもつ生活環境に着目しています。そして、独自のインテリア・メソッドを使って、「カラダとココロ」をセルフケアできる空間づくりを提案しています。

「アクティブ・ケア」の原点は、人の健康を第一に考えた空間づくりにあります。具体的には、医療とインテリアを組み合わせた視点から、さまざまな生活環境を見直し、照明や建材、カーテン、色彩、家具計画に至るまで、人を健康に導く環境づくりのためのデザイン計画を行います。

片頭痛や睡眠不足、うつ病、薬だけでは治らない原因不明の不定愁訴が増える現代において、「アクティブ・ケア」は自分自身で健康を守り、さまざまな症状と上手に向き合う、前向きで積極性のある健康管理の手法なのです。

テレワーク環境の多くが自宅であると考えるなら、セルフケアのための在宅環境を整えることが、テレワークにおけるインテリアの役割です。

では、セルフケアに役立つ具体的な要素をさらに分解してみましょう。

インテリアの要素は、住まいだけでなく、学校やオフィスなど、人が学び、働き、暮らすための全ての場所、人が日常生活を営む全ての空間をつくるために存在すると考えています。

そのためには、インテリアは人に深く寄り添い、心身の健康に貢献するものでなければなりません。

今や超高齢社会となった日本では、高齢化率の上昇と歩調を合わせるように「社会保障給付費（社会保険料と税金などから年金や医療などに充てられた費用の総額）」が上昇し続け、2018年度には121兆5408億円と過去最高を更新しました。

そして、今後社会保障の給付はますます増大することが見込まれています。

その中で大きな課題となっているのが〝健康寿命の延伸〟です。現在、国を挙げて「生活習慣病の発症予防」や「働き方改革と健康経営」といった国民の健康増進を図る政策が展開されています。また、それ以前から私たち一般生活者において、健康は生きる上で最も重要な関心事でした。その健康を下支えする根幹ともいえるのが、生活環境なのです。

図表2-2　「生活環境」を構成するインテリアの要素

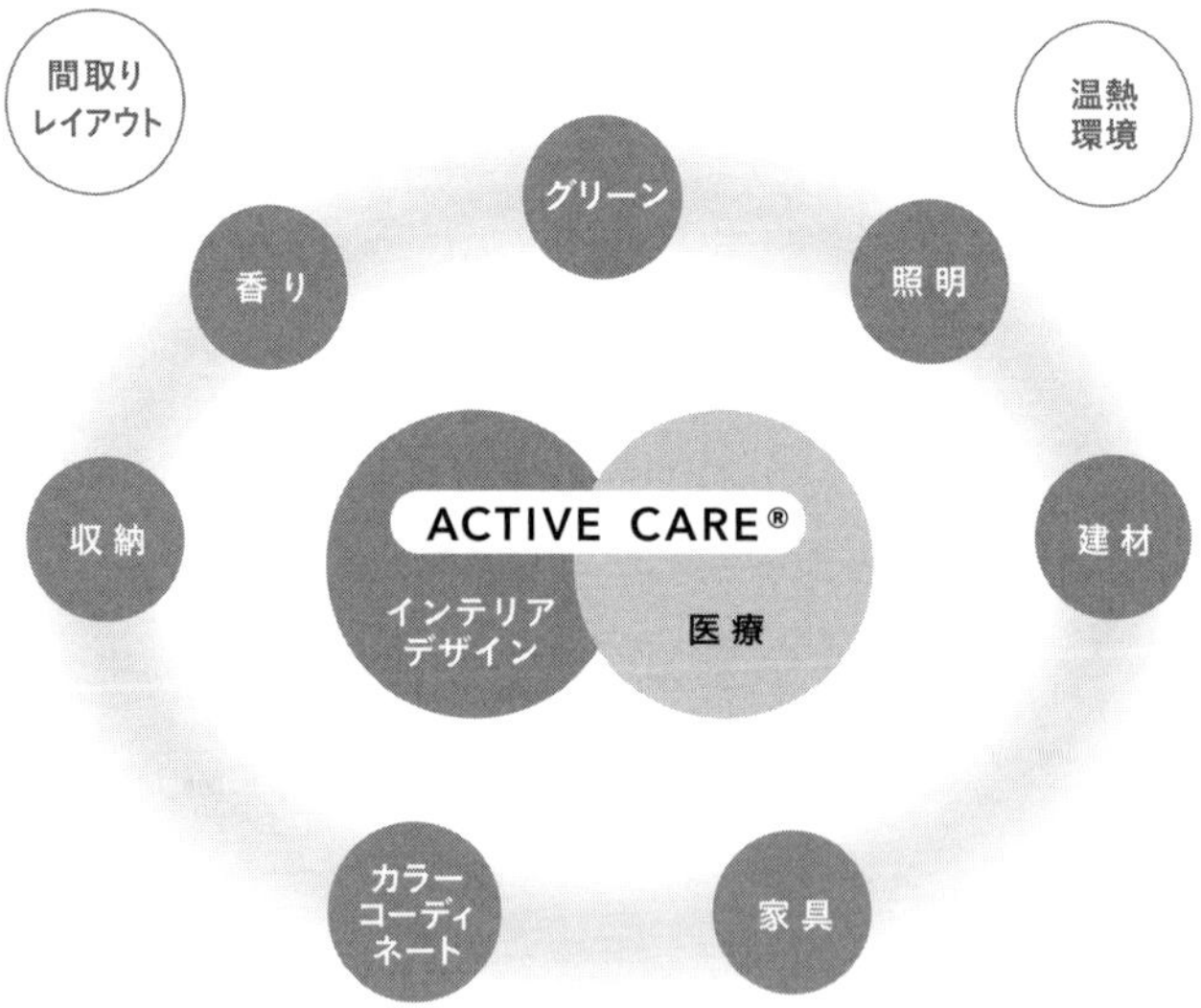

つまり、これからのインテリアには、「トレンドを追い、見た目を素敵に魅せる」という役割だけでなく、人の「カラダとココロ」に寄り添う、「健康」という視点を兼ね備えたデザインが求められるでしょう。

そこでは、インテリアの中で不可欠な照明も、明るさの確保やデザイン性といった従来の枠を超える役割が必要です。

これからは、光をどのように心身の健康に役立てるかを、考えていかなければならない時代なのです。

（引用）
国立社会保障・人口問題研究所．社会保障費用統計．２０１８年

照明と色で、片頭痛症状の緩和を
――医科大学看護師寮のインテリアでわかったこと

これまでに行った「アクティブ・ケア」の活動のひとつに、医科大学の看護師寮で片頭痛のある人を対象に行った調査があります。

この調査では、新しくつくった看護師寮2棟全500室のうち、250室を照明や壁の色などに刺激を和らげる配慮を施した「片頭痛ケアデザイン」としました。そこにこれまで片頭痛に悩んでいた看護師さんに入居してもらい、入居前後それぞれ45日間の片頭痛症状について調べました。

「片頭痛ケアデザイン」の部屋には、照明に温かみのあるオレンジ系の電球色LED、主に時間を過ごす寝室兼リビングダイニングには、調光機能のあるLEDダウンライトを選びました。そして、天井や壁はマットな質感のベージュ系の壁紙、扉や収納扉はブラウン系の色で揃えるなど、全体的にコントラストと反射を抑えたやさしい色のグラデーションにしています。また、照明や内装が関係する光過敏への配慮だけでなく、片

頭痛には臭い過敏や音過敏もあるため、臭いへの配慮として、消臭機能のある壁紙も採用しました。

旧寮では白い壁に白色系の蛍光灯がついていたため、インテリアの印象は大きく異なります。

「片頭痛ケアデザイン」では、光刺激への配慮から、白い壁紙や白色系の光を選んでいません。一般的に看護師寮のようなワンルームの間取りは、少しでも広く魅せるために、照明はもちろん、内装や収納に至るまで白く明るい色のほうがいい、と考える方は多いでしょう。これはワンルームに限らず、不動産業界でも共通する考えだと感じます。しかし、これはあくまで見た目を目的とした視点です。広く見えること＝快適かどうかは、住んでみないとわかりません。「アクティブ・ケア」によるインテリアの視点は、自分自身のカラダとココロが快適かどうかを重要視しています。私は住んでみて快適かどうかを考えたときに、白くて明るいことが良いとは言い切れないと思うのです。

そこで、先程の調査結果はどうだったかというと、旧寮では45日間のうち、13日片頭痛が発症していたのに対し、新寮に移ってからではその発症が6日に減り、頭痛薬の服用日数も旧寮では7日だったのが新寮では2日に減少しました。加えて、軽いうつ状態も改善するなど、「アクティブ・ケア」による良い影響がみられました。

つまり、空間の光と色を変えることで頭痛の発生頻度が半減し、薬の服用日数が3分の1になったのです。この結果から、片頭痛症状を緩和するために、照明を含む住まい全体が大きな役割を果たす可能性が明らかになりました。

これは、私にとってまさにインテリアが健康に役立つ可能性を確信した瞬間でした。

当時調査に参加してくださった看護師さんに「住む部屋を変えただけで、これまで悩みの種だった頭痛が信じられないくらい楽になった」と喜んでいただけたのが何より嬉しく、その言葉を噛みしめたことを今でも鮮明に覚えています。

研究としては、まだまだ課題はありますが、体験者の声の重みにインテリアのプロとしてやるべきことが見えました。

看護師寮の事例は、ワンルームという間取りですが、扉や収納にブラウン色を採用しています。これはどちらかというと、あまり採用されないコーディネート。なぜなら、濃い色＝狭く見えるというイメージが強いため、白または明るい色が選ばれることが多いのです。

図表2-3 「片頭痛ケアデザイン」のインテリア

でも心配は不要です。コーディネート（調整力）を使えば、解消できます。詳しくは後程第4章「明るさ感を決めるのは、反射率」でもご紹介しますが、この事例でも床に明るい色を使ったおかげで、片頭痛ケアデザインの部屋を狭く感じる、とはいわれませんでした。逆に高級感を感じる、とのコメントをいただきました。

アクティブ・ケアは、健康ばかりに目を向けているようですが、決してデザインを無視しているわけではありません。むしろ、デザイン性もしっかり考えながら、さらに健康への配慮をプラスしていくという考えです。インテリアのプロである以上、デザイン以上の付加価値を目指しているのが「アク

ティブ・ケア」なのです。

また、この調査は、さらに共感する人を引き寄せることにつながりました。

あるとき、SNSを通して片頭痛に悩む方々にこの情報が広がっていることを知ったのです。その方は、私が雑誌の取材を受けた記事を偶然目にしたそうです。そこで私の学会発表時のタイトル「片頭痛の過敏症を考慮したインテリアデザイン」を挙げながら「インテリアによる片頭痛のお悩み解消」について投稿されていました。引っ越しを機に部屋のインテリアが白からブラウンへ、光が昼光色から電球色に変わったことで、ご家族の片頭痛症状がずいぶん改善されたとか。私の記事をみて腑に落ちたその話を、同じ悩みをもつ人にぜひ伝えたいと情報発信されていたのです。その投稿に反応した方々からの「頭痛が増えていた理由に気づけました！」、「確かに私も！」、「薬要らずになって良かったですね」、「母も頭痛もちなので伝えようと思います」等々行き交うコメントをみて、かつて看護師さんにいわれて嬉しかった気持ちが甦りました。

その後その方は、ご家族の片頭痛症状の変化を目の当たりにされたことでインテリアの重要性を感じ、インテリアの勉強をスタートしたことを教えてくださいました。長年インテリアに携わってきた私にとって、これほど嬉しいニュースはありませんでした。

また「アクティブ・ケア」を伝えることの意義について、改めて身の引き締まる想いも感じています。

看護師寮の事例では、引っ越しで良い場所に移るということを事前にご本人が知っていたことが影響した可能性もあります。しかし、SNSで発信してくださった方は、事前に情報がなかったのです。それでも、インテリアによる良い影響があったということは、インテリアがもつ力の存在を確信せずにはいられません。

困っている人の悩みを解決するための研究は、私が最も目指したい研究です。

さらにその成果を悩みをもつ人に届け、暮らしの手法として伝えていくことは、インテリアデコレーターである私が目指したい役割です。

片頭痛に悩む人は依然として多く、2020年11月にNHKで放映された『ガッテン！』でも、「ズキン！　つら～い頭痛！　痛みを引き起こす意外な原因発見スペシャル」と題して、片頭痛を引き起こすメカニズムと対処法が取り上げられました。そのなかで、「睡眠不足・睡眠過多」、「ストレス」、「感情の影響」とともに「まぶしい光」が頭痛を誘発する一因になるとして、先程の看護師寮の調査事例と、環境から症状が軽減

できる可能性が紹介されました。

「アクティブ・ケア」に基づくインテリア計画は、私たち一人ひとりが自分で実践できるものです。

光過敏の自覚がない方や、日常的に頭痛で悩んでいても医療機関に行かずに民間薬でしのぐ方はたくさんおられます。しかし、光の色や内装材の組み合わせを変えるだけで日々のつらさが軽減できるなら、やってみる価値はあるはずです。

気づかないうちに、光の色や明るさが刺激になっている可能性があるということに、一日も早く気づいてほしいのです。

（引用）
尾田恵，他．片頭痛の過敏症を考慮したインテリアデザイン．日本人間工学会　第55回大会発表．２０１４年

＊本書では、光の色をわかりやすくお伝えするために、白熱電球の光色に近い電球色を「オレンジ系」、昼光色や昼白色のような白っぽい光を「白色系」と表現しています。

column

白いインテリアには要注意!?

白いインテリアは清潔感があり、部屋も広く見えていい。

日本の住宅における「白い壁」の割合は、約99％という報告もあり、日本のインテリア、特に壁に関しては白い壁紙が圧倒的に多いと思います。

私は職業柄、リモートを始めた頃には、まず壁色に目がいきました。そうしてチェックしていると、やはり壁色はほとんど白。私と同じように感じた方も多いのではないでしょうか。

「白はシンプルで何にでも合わせられるから」という感覚で、新築やリフォーム時に白い壁紙を選ばれる方は多いと思います。壁紙のカタログにも白が多いので、特に意識することなく、白を選択されているのかもしれません。また、賃貸などでは、そもそも白が貼ってあったから、という場合も多いでしょう。

ただ「アクティブ・ケア」による健康配慮の視点では、〝白のインテリアで本当に良いかどうか〟をぜひ考えてほしいのです。

これまでインテリアでは、主に内装の接着剤や塗料に含まれるホルムアルデヒドなどの化学物質が招くアレルギー症状「シックハウス症候群」への対策は知られてきました。健康志向が高まるなか、対策のための素材選びに気を配る方も多いはずです。しかし、不調を招く要因はそれだけではないのです。

看護師寮の事例でもご紹介しましたが、片頭痛で光過敏のある方はインテリアの色を変えることで症状が和らぐ可能性があります。照明の光との相乗効果で、空間の中の刺激を和らげることができるのです。これからの健康志向には、「インテリアの色選び」にもぜひ気を配ってください。

例に挙げるとすれば、壁、天井、床、ソファ、カーテンです。インテリアのなかで特に大きい面積を占める箇所の色選びには注意が必要です。

とはいえ、「白いインテリアが好き！」という方もいらっしゃるでしょう。その場合は、白は白でもエクリュカラーのようなやさしい白を選んでください（※第5章「コミュニケーション空間におすすめの色」参照）。

青味がかった白とベージュ系の白では、色による刺激の度合いが異なります。同時に照明の色にも気を配ると、白いインテリアでも「カラダとココロ」にやさしい空間がつくれるはずです。

白いインテリアが全てダメ、ではなく「白の選び方」が重要なのです。

テレワーク環境とインテリア

「テレワーク環境」というと、パソコン機器やイヤホン、Wi-Fi環境をまず思い浮かべる方が多いかもしれませんが、本書がテーマとするテレワーク環境は、生活環境であるインテリア空間です。環境は環境でも、インテリアがつくる作業環境です。

テレワークとは「情報通信技術（ICT＝Information and Communication Technology）を活用した時間や場所を有効に活用できる柔軟な働き方」のこと。Tel（離れて）とWork（仕事）を組み合わせた造語です。要するに本拠地のオフィスから離れた場所で、ICTをつかって仕事をすることです。

コロナ禍の自粛状況下では、テレワークを自宅で行う方が多いのではないでしょうか。本書でも概ねテレワーク場所として「住環境」を想定して、話を進めていきたいと思います。

図表2-4
テレワーク実施場所としての考え方（希望する使い方）

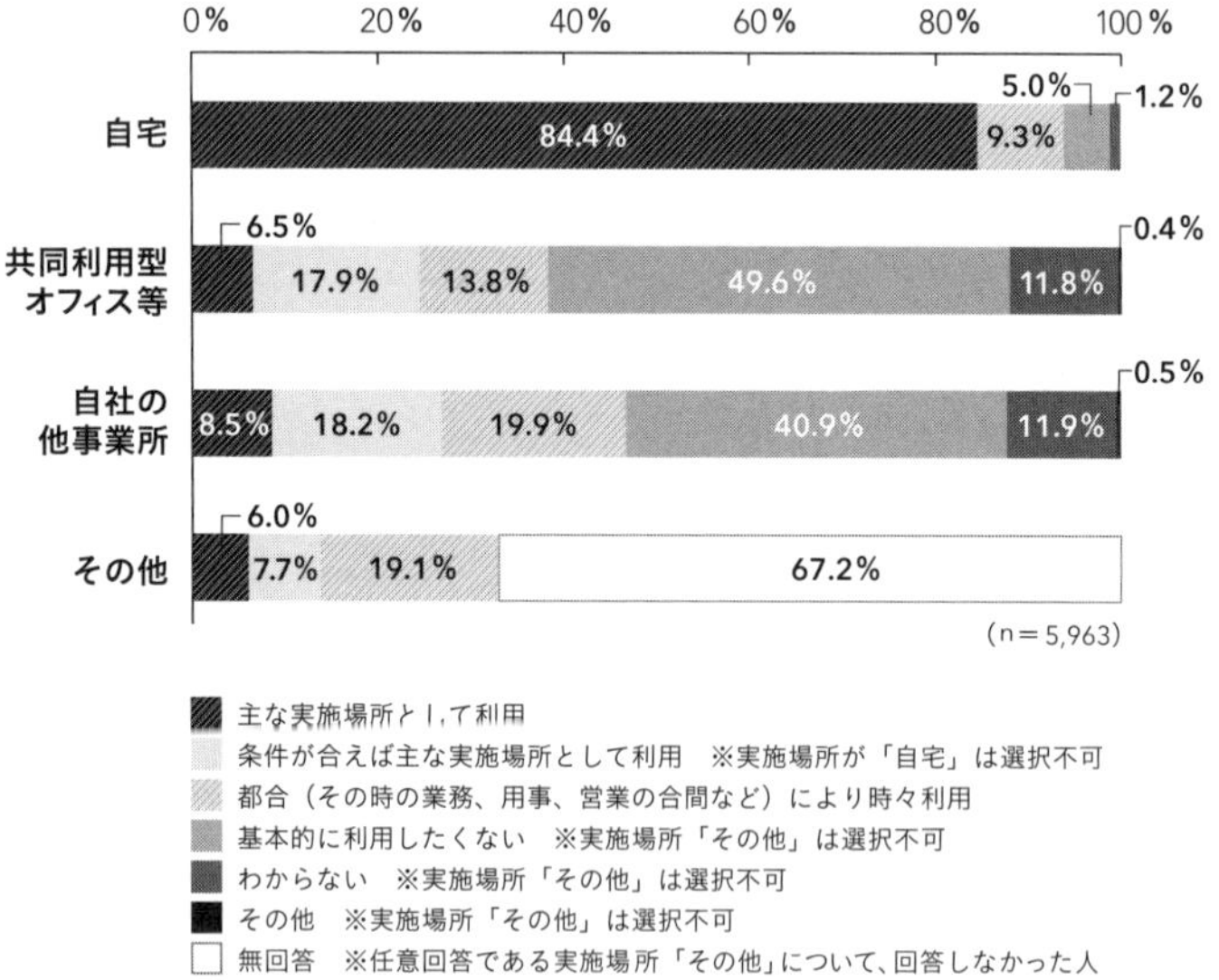

※単数回答

出典：国土交通省．令和２年度テレワーク人口実態調査．2021年

■テレワークの主な実施場所

①自宅（住環境）
②カフェ
③コワーキングスペース
④サテライトオフィス
⑤レンタルスペース→マンション、ホテルなど
⑥電車、新幹線、飛行機などの移動手段、会社以外の場所→モバイルワーク
⑦リゾート滞在先→ワーケーション
⑧海外→越境ワーク

ただし、このように自宅のほかにも①と②を併用される方、③④の設置を積極的に検討する企業も多く、これから増加傾向です。⑦⑧は実施できる状況や職種は限られますが、やはり働き方のニューノーマルとして増える可能性があります。

ちなみに①自宅では、ダイニングまたはリビングを作業場所として利用されている方が最も多いと報告されています。**（図表2-5図参照）**

同時に複数の家族がリモートで作業する場合、場所の取り合いになったり、子どもと

図表2-5 自宅（現状のテレワーク環境）

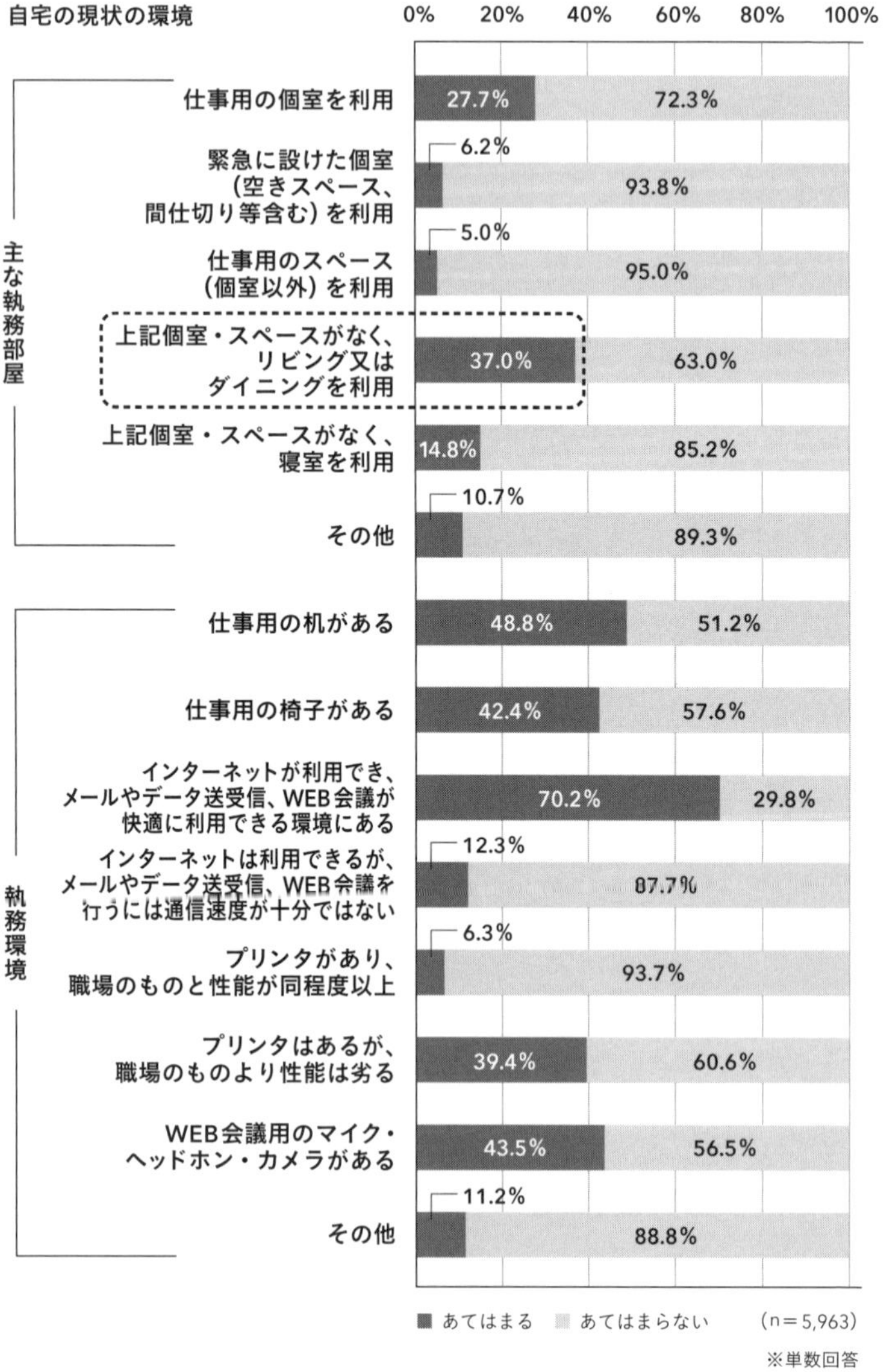

※単数回答

出典：国土交通省．令和２年度テレワーク人口実態施調査．2021年

一緒のダイニングではなかなか集中できなかったり。テレワーク用の場所を確保するために、広い住まいに引越しする方も増えていると聞きます。確かに「広さ」を変えるには、空間の器（建物）を変える以外に問題解決はできませんが、そう簡単に引越しもできない方には、環境をより良く改善する方法は〝ない〟のでしょうか。

私は、今の自宅の中にも問題を解決できる方法はあると考えています。

では、テレワーク場所を自宅のダイニングと想定して考えてみましょう。

私は、テレワーク環境改善のためのオンラインカウンセリングを実施していますが、そのとき事前にお聞きする項目に次のようなものがあります。

・身長
・家具サイズ
・照明器具の種類
・部屋の色
・築年数
・戸建 or マンション

これらの情報が、悩みの解決とどうつながるかは、第3章以降でご紹介しますが、問題解決は広さだけでなく、空間の中身（インテリア）にも方法があるのです。

私たちは生活環境から、知らず知らずのうちに影響を受けています。特に目に入る照明や、身体を委ねる家具、足が触れるカーペットなど、インテリアは人と直接触れるものが多いため、その影響も大きいでしょう。

環境から受けている「悩みのもと」を探れば、今すぐ解決できる方法は見つかるはずです。

（引用）
厚生労働省．テレワーク総合ポータルサイト．テレワークとは，テレワークの定義

日本のテレワーク環境がもつ課題

本書で日本の住空間にこだわった内容をお伝えするのには理由があります。今や世界中で普及するテレワークですが、さまざまな課題については世界をひとくくりにできない事情があると考えるからです。

まず、テレワークの普及率を比較する次のようなデータをご紹介しましょう。

図表2－6の通り、米国は85％と圧倒的にテレワーク導入率が高くなっていますが、日本のテレワーク導入率は、19・1％と低い水準です。ただし、日本の導入率は従業員規模が100人以上の企業を対象とした調査で、100人未満の企業を含めたテレワークの導入率はより低いと考えられています。

コロナ禍で各国の普及率はさらに増加している状況ですが、そもそもテレワークの事情は国別に異なっていました。制度の有無など関連要因は色々考えられますが、私が特に注目するのは、住宅事情の違いです。

図表2-6　世界のテレワーク 導入率

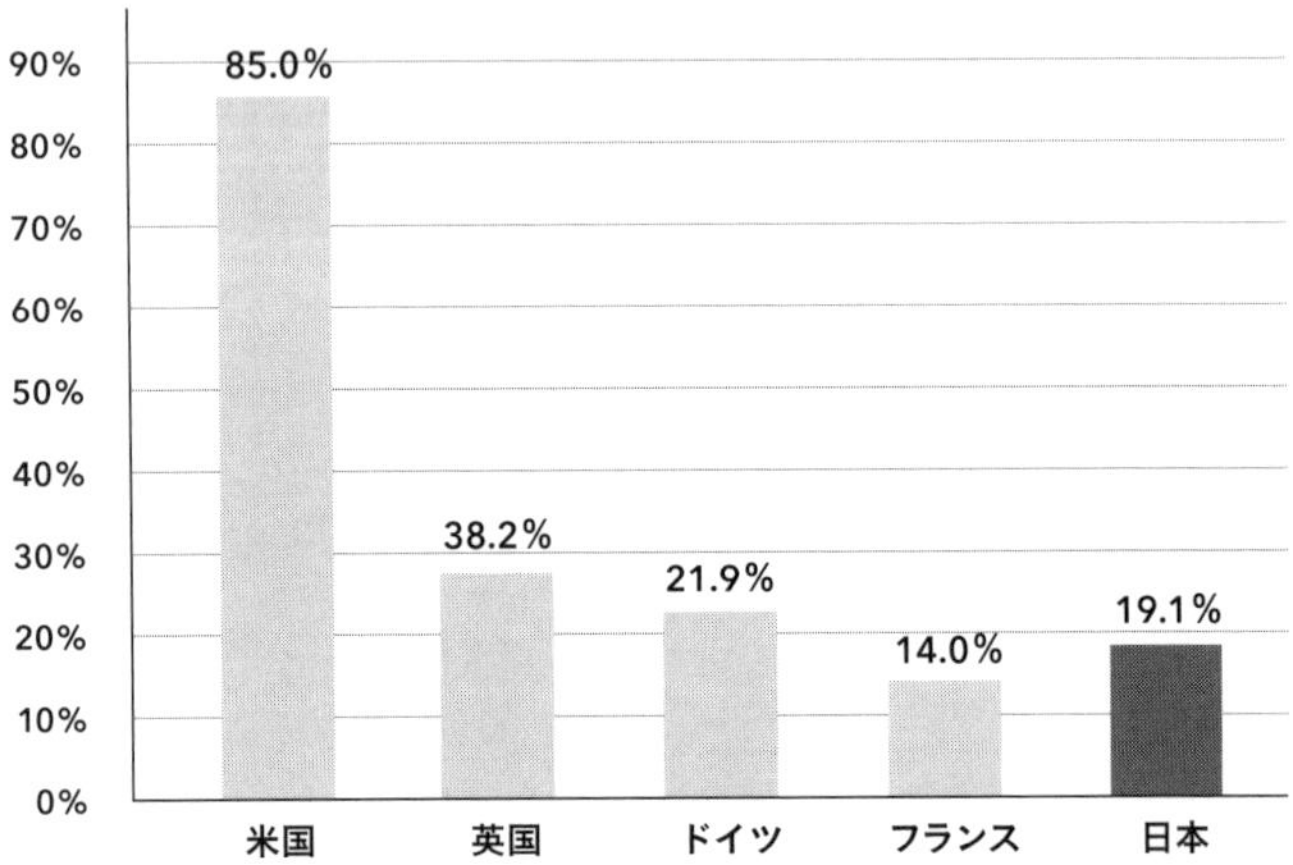

※米国：Survey on workplace flexibility 2015, World at Work
英国・ドイツ・フランス：European Company Survey on Reconciliation of Work and Family Life 2010
日本：総務省「平成30(2018)年通信利用動向調査」(従業員数100人以上の企業)

出典：厚生労働省. テレワークポータルサイト

今、日本のテレワーカーから聞かれる「オンオフが切り替えにくい」「集中できる空間が確保しづらい」などスペースに絡む問題は、日本特有の課題とも捉えられます。これは、今までアメリカの住宅視察を通じて、日本と海外との「住宅のスケール感の違い」を顕著に感じていたからです。

ここでテレワーク普及率の高い米国と日本を比較してみると、一人当たりの住宅床面積は米国61・2㎡に対し、日本が40・2㎡。関東大都市圏においてはさらに35・3㎡と狭くなり、借家では25・4㎡、つまり米国の1／2以下の状況なのです。これは個々が確保できるテレワークスペースに大きな違いがあるということを示しています。また、広さ（面積）だけではありません。日本の一般的な天井高（約2・4m）に比べ、アメリカの住宅の天井高は高い傾向です。同じ平米数でも天井高が異なると空間から受ける印象はまったく違います。室内環境では、広さと高さ、両方の要素が、空間が人に与える影響を左右するのです。

今、グローカル（Glocal）という考え方が注目されています。これはグローバル（Global）とローカル（Local）を組み合わせた造語です。地球規模の視点をもちながら、地域の視点で問題を解決する――。まさにニューノーマルなテレワークこそ、グローカ

図表2-7　一人当り住宅床面積の国際比較

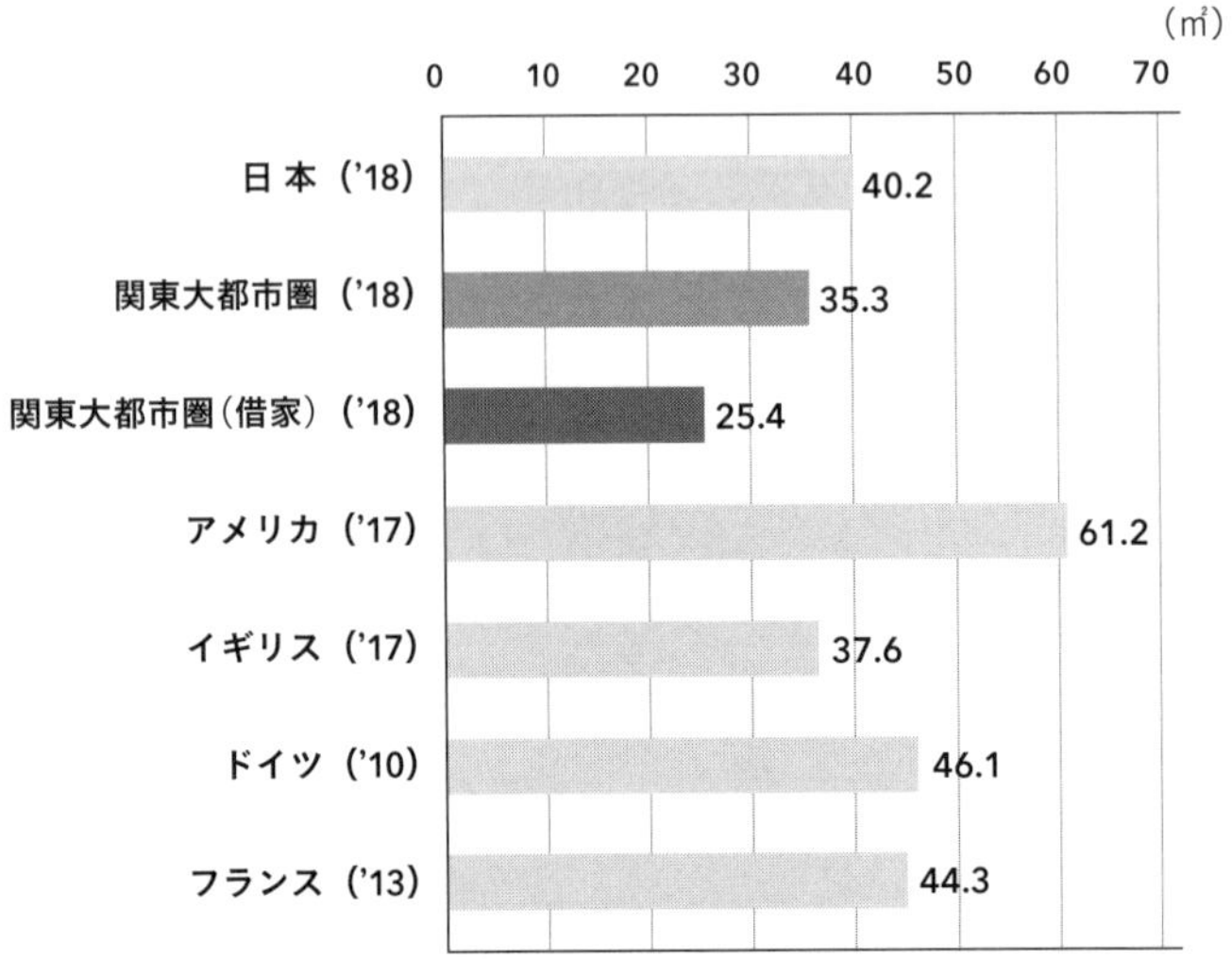

〈資料〉　日本：総務省「平成30年住宅・土地統計調査」（データは2018年）
アメリカ：U.S.Census Bureau「2017 American Housing Survey」（データは2017年）
イギリス：Department for Communities and Local Government
「English Housing Survey Statistical data sets」（データは2017年）
ドイツ：Bundesminister für Verkehr, Bau und Stadtentwicklung
「Wohnen und Bauen in Zahlen 2011/2012」（データは2010年）
フランス：Insee「enquête logement 2013」

（注1）床面積は、補正可能なものは壁芯換算で補正を行った。（米×0.94、独仏×1.10）
（注2）アメリカの床面積は中位値（median）である。
（注3）ドイツのデータは、調査の実施年（データ）と報告書の発表年が異なる。

出典：国土交通省．令和2年度住宅経済関連データ　住宅水準の国際比較

ルな視点が必要です。

日本のテレワークの主な場所が自宅であることから、環境起因による不調やストレスの発生には、日本ならではの住空間の影響が関与していると考えられます。

つまり、日本のテレワークには、日本の住宅事情に合わせた解決策を考えなければなりません。

広さだけに快適性を求めるのではなく、空間の質を高めて手に入れる――。

まさに、日本のテレワークにこそインテリアが役立つ場面は多いと考えています。

あなたがもし私の家族なら

まずお伝えしたいのは、「予防」の実践は明日からでなく、今日これから、今すぐにでも始めていただきたいということです。始めるタイミングは、遅いということはあっても早すぎるということは絶対にありません。予防は文字が表す通り、「予《あらかじ》め防ぐ」ためのもの。病気になってしまったり、身体が悲鳴を上げ始める前に実践することが肝心です。これを予防のなかでも一次予防といい、公衆衛生が最も重要視する予防のタイミングです。

ましてや、あなたが体調の変化に気づいているとしたら、あきらめないで今すぐ実践してほしいのです。一日も早いスタートが予防や不調改善の効果を高めるのですから。

でも人は何かに困ってから、病気になってから、今までのあたりまえがそうでなくなったときにはじめて、そのことに気づくことが多いのでしょう。自分が親になってから親の苦労や愛情に気づくように——。

「健康」も同じではないでしょうか。

公衆衛生大学院の授業で「公衆衛生はおせっかい？」という話を聞きました。病気になった「個人」に対し治療することは決しておせっかいとは呼ばれませんが、病気になっていない「集団」に対し、なるかもしれないから予防しましょうよ、と呼びかける公衆衛生活動は一見おせっかいにもみえる、という話です。

（身体によくないとわかっていても）自分が好きでやっているのだから、誰に文句をいわれる筋合いはない、と突っぱねる人がいるのも知っています。それは私が医療従事者ではなく、今まではどちらかというとおせっかいを焼かれる側だったからです。しかし、健康について学ぶうち、私もいつしかおせっかいを焼くほうにまわってしまいました。

それは、何においても「予防」が健康にとって一番重要だと知ったからです。

でも、もし目の前にいる相手が家族なら、文句をいわれてもおせっかいを焼きませんか？　大切な人は大事に想うからこそ、病気になってほしくないし、いつまでも元気でいてほしい。知っているのに知らんぷりなどできるはずもなく、他人事では片づけられません。おせっかいは、相手を想ってこその「介入」です。

しかし今、テレワークによって作業環境への「介入」は難しくなっています。

オフィスであれば、作業により良い状況を保つために、専門家が適宜介入できますが、テレワーク環境は主に住まいであるため、プライベート空間にどこまで踏み込むかの判断が難しいことから、環境改善の対策がなされていないというケースが多いようです。

しかし、テレワークでは今、まさに困りごとが起こっています。肩こりや腰痛といった筋骨格系の不調をはじめ、眼精疲労や頭痛、不眠に悩む方もいます。これらはテレワークが一般化するにつれ、深刻さも増しています。

少しでも早いタイミングで、これらの困りごとの解決策を見つけ実践する必要があると感じているのが、今の私の気持ちです。

実際にお訪ねすることは叶いませんので、私はアドバイザーであって、実践者はあなた自身。健康への行動は、言い換えるとセルフケアです。あなた自身が環境からセルフケアできるよう、私がナビゲートさせていただきます。

先程、テレワーク環境はプライベート空間であるため、他者の介入が難しいといった課題があるといいました。しかし、私はインテリアのテクニックを使えば、課題解決への道は開けると考えています。インテリアと医療の融合によって、テレワーク環境の改

善ポイントは捉えられるはずです。
では早速、環境からセルフケアをはじめていきましょう。

リノベ発想で、今の環境をより良く変える

環境を見直すタイミングは、

①今すぐできること

②新築やリフォームなど工事を伴う際にできること

の大きくふたつに分けられます。

今すぐできることは模様替えのような手軽なテクニックです。今ある家具のレイアウト変更や、布をかける程度であれば費用もさほどかかりません。工事が伴うと費用はかかりますが、模様替えでは限界があったことや環境をより良く自分に合わせることも可能です。賃貸か持ち家かによってできることは異なりますが、概ねインテリアを変えるためには、模様替えと工事を伴う変更、2段階の方法が存在すると考えてください。

そこでテレワーク環境について考えてみます。

環境をより良くしたいと考えたとき、広さやスペースの確保をイメージする方は多いと思います。家族構成によっては場所が一番の問題、ということもあるでしょう。実際、

駅から遠いけど広い家に住み替えた方、少しでも部屋数が多い戸建てに人気が集まるという傾向、同じ費用で少しでも広い家にという郊外移住も、そんな考えからではないでしょうか。確かにコロナ禍で仕事と暮らしのさまざまな価値観が変わった今、住まいを変えるという選択もありだと思います。多くの方が感じているように、テレワークの一番のメリットは、通勤時間の削減です。これまでは、アクセスの良さから住む場所を選び、場所が住まいの広さの基準になっていました。テレワークの普及によって今や通勤はまったく考えなくてもよい、という方も増えたのですから、この機会に場所と広さを新たな価値観に合わせるのもよいでしょう。

しかしその一方で、当面現在の住まいを変えたくない（変えられない）という現状をデータが示しています**（図表2-8参照）**。

これから状況は徐々に変わっていくことも想定されますが、いましばらくは空間を変えずにテレワークを続ける方が多いでしょう。そうなると、リフォームやリノベーションといった方法で、いまの環境をより良くする方法を見つけることが現実的選択だと思います。

私が今まで携わったインテリアの仕事のなかで、最も多かったのがリフォームやリノ

図表2-8　今後の転居の意向

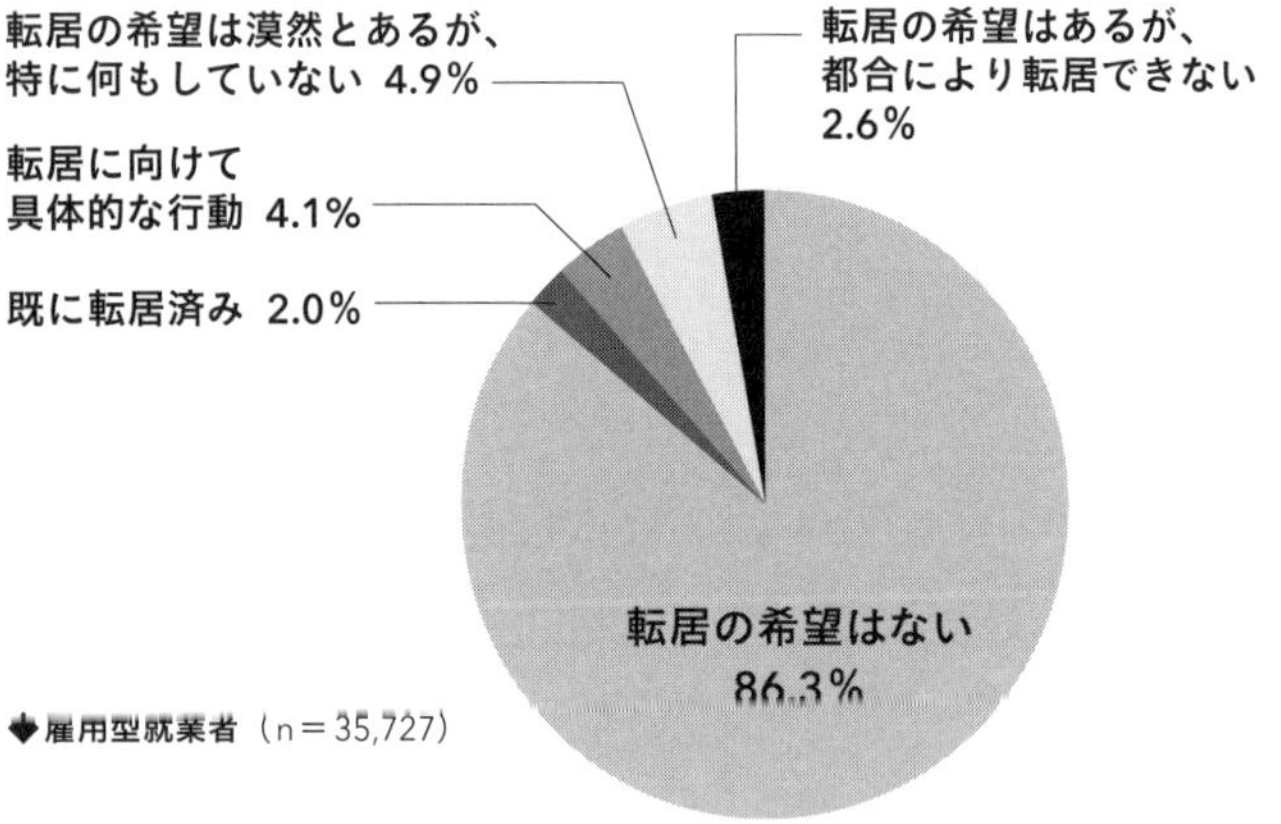

※単数回答

出典：国土交通省．令和２年度テレワーク人口実態調査．2021年

ベーションでした。
これらの言葉の一般的な定義をしておきましょう。

リフォームとは?

原状回復のための修繕・営繕、不具合箇所への部分的な対処
↓マイナスをゼロに

リノベーションとは?

機能、価値の再生のための改修
その家での暮らし全体に対処した、包括的な改修
↓マイナスをプラスに

私は意識せず、そのときどきで両方の言葉を使っていましたが、定義に基づくなら、振り返るとみかけはリフォームでも、実質リノベーションという仕事が圧倒的に多かったように思います。

例えば賃貸住宅のインテリア提案の場合がそうでした。借主の退去後にもともと壁紙だった壁、フローリングを張り替えるというリフォーム計画に内装材を提案するのです

が、これは明らかに、みかけ上リフォームだといえます。しかし内装材の選び方、組み合わせ方で部屋の付加価値は高まります。もとは壁紙が全て白だったその部屋を、梁や柱型、部屋の形状にあわせて壁紙を張り分けるプランを考えます。ちなみに1色使っても3色使っても、貼る手間は同じなので工事費は変わりません。インテリアコーディネート（調整力）で、同じ空間（箱）に新たな価値を生み出すために、テクニックを最大限に発揮します。完成後の結果が明らかな賃貸市場では、その価値は「家賃アップ」「早期成約」として評価され、オーナー様へのメリットにもつながりました。

また、長らく売れ残った分譲住宅の相談を受けた際には、壁紙張替によるリノベーションを提案し、結果3組待ちの物件になったこともありました。

つまり、空間（箱）は同じでも、インテリア（中身）次第で、付加価値は変えられる、というのが私の実感です。

インテリアコーディネートは、1＋1が2ではなく、3、4にもなる手法、といわれます。インテリアを学び始めたころから、耳にタコができるほど聞き、今や私にとって呪文のような言葉です。しかし、インテリアと健康を考えたときに、改めてこの言葉がインテリアの役割の本質をついていると感じています。

インテリアコーディネートは、その言葉通り「調整力」をもっています。あるものとあるものを組み合わせたとき、それぞれが引き立て合うよう上手に組み合わせると、単なる足し算ではなく、相乗効果が生まれ、さらに空間の完成度を高めます。調整力が加わると、単体で存在するより、さらに付加価値を生み出します。

インテリアの力は、空間をより良く魅せるために力を発揮すると考えられてきましたが、それだけではありません。これは健康にも役立つ力です。

例えば、「アクティブ・ケア」の観点を踏まえて壁紙を張り替えるとしても、それは単に建物の老朽化をもとに戻すことにはなりません。心身のセルフケア、という新たな付加価値をもたらす、インテリアによるリノベーションだと考えられます。

今の住まいに広さがないからテレワークに良い環境ではない、と言い切れるでしょうか。

私はそうは思いません。

今の環境でも、快適に過ごす方法、より良くする方法はきっとあるはずです。

これは、どんなにボロボロな物件でも、どんなにデメリットが多いといわれた物件でも、インテリアに必ず答えがあった、という私の実感です。

ただその方法はいろいろです。みかけは模様替えやリフォームであっても、どれもその部屋の付加価値を高めるもの、つまり「リノベ発想」が大切なのです。未来へのより良いテレワーク環境をつくり、健康な毎日を手に入れていただきたいと思います。

繰り返しになりますが、テレワークでは環境が不調を招く可能性があります。しかし、このことに気づいておられる方はあまり多くありません。

また不調の原因は、デスクまわりだけでもありません。

不調の原因が環境にあることに気づかなければ、知らず知らずそのままの状況が続きます。気づくか気づかないかが、心身にとって大事なターニングポイントになるのです。

テレワーク環境を整えるには、まず部屋のインテリア全体に目を向けてみてください。どこをどうみていけばよいか、改善ポイントの見つけ方、さらに環境の整え方については、次の章からご紹介します。

3章

「カラダとココロ」が喜ぶ光とは

テレワーク空間はカフェがお手本！

あるインテリア商材メーカーの営業の方と数か月ぶりにお会いする機会がありました。コロナ禍で直接お目にかかることがなかったのですが、新商品の発売を機に、営業活動を再開されたとのこと。お互いに近況を報告し合うなかで、「2020年の4月以降はほぼテレワークでしたが、その間、とても健康になりました！」という明るく元気のある言葉が返ってきました。聞くと、朝・昼・晩は決まった時間に食事をし、睡眠時間もしっかりとり、時々筋トレも行っているのだとか。今、世間でしきりに健康維持のために重要だといわれている基本的な生活習慣を、実践できているようです。

なるほど、と思いながら、私は彼が健康になったもうひとつの理由として、インテリア業界に携わり、そもそも住空間に興味があり、生活環境を丁寧に設えていたことにも要因があるのではと思いました。

一人暮らしは規則正しい生活習慣を維持することが難しい、と考える人は少なくあり

ません。なぜならそこには自分自身を律する強いメンタルや空間そのものに対する愛情が必要だからです。

整った食事環境、軽い運動用のスペース、質の高い睡眠空間、イライラを生まない整理整頓された部屋、そしてリラックスできる家具。快適な空間は、毎日の生活習慣を変えていきます。たとえ広さはなくても、身の丈に合った自分が心地良いと感じるものが揃っていてはじめて「健康になれる」生活習慣の土台ができるように思うのです。

といっても、難しいことではなく、リモートワークがはかどる環境づくりの第一歩として、まずは身近な〝光〟を見直してみてはいかがでしょう。

例えば、カフェのように。

以前から、カフェにノートパソコンを持ち込んで仕事をするビジネスマンの姿をよく見かけます。学生が教科書を広げ、熱心に勉強する姿もよくある光景です。カフェで作業や勉強をするのはＷｉ-Ｆｉが使えるからでしょうか？　もちろんそれもあると思いますが、何よりも落ち着いて「集中」できるからではないでしょうか。

なぜ、カフェだと落ち着くのでしょう？

珈琲のよい香りが脳を活性化したり、ほどよいノイズが集中力をアップさせたり、というのも当然あるでしょう。加えて、私は〝照明の力〟を挙げたいと思います。

カフェのようにリラックスを促す空間にはオレンジ系の電球色の光が使用されていることが多く、その場にいると、ホッと安らいだ気持ちになります。一般的にオレンジ系の電球色はリラックスの明かり、作業や集中にはクールな白色系の明かり、と分けられることもあり、「勉強や作業をするための部屋は、部屋全体を白い光で明るくするもの」と考えている人も多いと思います。一方、脳科学的には「〝リラックス〟と〝集中〟が共存する状況こそ、最もパフォーマンスを高める」といわれています。つまり、目が疲れない適度な明るさがあれば、電球色の明かりが勉強や作業に適さないわけではないのです。

ちなみに、以前、東京の書店併設のカフェTのテーブルに「デジタル式照度計（明るさを計る測定器）」を置き、どれくらいの明るさなのかを測ってみたことがあります。すると、照度は237ルクス、色温度は2578ケルビンという結果でした。

※明るさ（照度）の単位は「ルクス」、光の色（色温度）の単位は「ケルビン」で示されます。

詳しい説明は後のページに譲りますが、照度とは光がテーブルに届いたときの明るさ

のこと、色温度とはオレンジ系や白色系といった光の色味のことを指します。
自宅のワークスペースの推奨照度が３００ルクス以上なので、２３７ルクスはやや暗めといった感覚です。窓の近くかそうでないかによっても明るさは変わりますが、別のカフェのカウンター席で測定したときも明るさは同程度。そこはハンドドリップで珈琲を入れるマスターの姿を横目に、香りと読書を楽しむ人に人気の席。その席の色温度も先程のカフェと近い値でした。ちなみに２５７８ケルビンといえば、一般に販売されているオレンジ系の電球色、２８００ケルビンと近い値です。

そうイメージすると、あなたのお気に入りのカフェも、先程の空間と近いイメージではありませんか？　リラックスできる明かりのもと、耳障りの良いＢＧＭや心地良いと感じる香りがプラスされる空間――。

オフィス空間の照明は、緻密な作業かどうかによって明るさ（照度）の基準値がありますが、実は色温度に関する基準はありません。しかし、テレワーク環境はオンとオフ、仕事と住まいが兼用されるため、仕事のみの視点では不足が生じると思うのです。その点、リラックスと集中が適うカフェ空間では、色温度が果たす役割は大きいと感じます。

私は、これからのテレワーク環境には、明るさだけでなく「光の色（色温度）」もチェックが必要だと考えています。ＬＥＤの普及により、色温度も手軽に使い分けできる時代になったこともあり、取り入れるメリットは大きいはずです。

その意味でも照明は、カフェ空間をお手本にしてはいかがでしょう。

この章では、テレワーク環境に照明を上手に取り入れるために、知っておきたい照明の知識をご紹介します。

作業に必要な明るさ（ルクス）とは？

テレワーク導入後から感じる不調は「テレワーク不調」とも呼ばれています。主な不調として、肩こり、腰痛、眼精疲労、頭痛など具体的な身体的な症状から、疲労感や倦怠感など何となく疲れやすいと感じる人も多いようです。もちろん身体だけではありません。メンタル面の不調も考えると幅広い不調が存在しています。

テレワークになって変わったことといえば環境です。

オフィスから住まいへ、作業を取り巻く環境が変わったことにより生じた不調なら、まずは環境に原因がある可能性を探ってみるのが一番ではないでしょうか。

といってもテレワーク環境とは主にPCやWi-Fi環境であったり、机や椅子などオフィスに揃っていたものを基準に考えていませんか？

厚生労働省のホームページに、「自宅等でテレワークを行う際の作業環境整備」とい

図表 3-1　自宅等でテレワークを行う際の作業環境の整備について

部屋

・設備の占める容積を除き、10㎡以上の空間（参考：事務所則第２条）

照明

・机上は照度300ルクス以上とする（参考：事務所則第10条、情報機器作業ガイドライン）

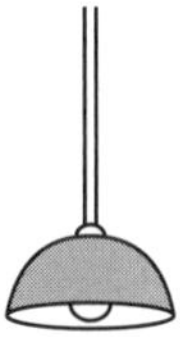

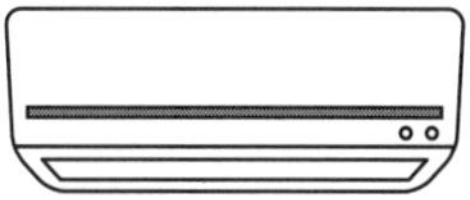

室温・湿度

・冷房、暖房、通風などを利用し、作業に適した温度、湿度となるよう、調整をする
・室温 17℃～28℃、相対湿度40%～70%を目安とする
（参考：事務所則第5条、情報機器作業ガイドライン）

窓

・空気の入れ換えを行う（窓の開閉や換気設備の活用）
・ディスプレイに太陽光が入射する場合は、窓にブラインドやカーテンを設ける
（参考：事務所則第3条、情報機器作業ガイドライン）

椅子

・安定していて、簡単に移動できる
・座面の高さを調整できる
・傾きを調整できる背もたれがある
・肘掛けがある
（参考：情報機器作業における労働衛生管理のためのガイドライン）

机

・必要なものが配置できる広さがある
・作業中に脚が窮屈でない空間がある
・体型に合った高さである、または高さの調整ができる
（参考：情報機器作業における労働衛生管理のためのガイドライン）

PC

・ディスプレイは照度500ルクス以下で、輝度やコントラストが調整できる
・キーボードとディスプレイは分離して位置を調整できる
・操作しやすいマウスを使う
（※）ディスプレイ画面の明るさ、書類及びキーボード面における明るさと周辺の明るさの差はなるべく小さくすること
（参考：情報機器作業における労働衛生管理のためのガイドライン）

その他　**作業中の姿勢や、作業時間にも注意しましょう！**

・椅子に深く腰かけ背もたれに背を十分にあて、足裏全体が床に接した姿勢が基本
・ディスプレイとおおむね40cm以上の視距離を確保する
・情報機器作業が過度に長時間にならないようにする
（参考：情報機器作業における労働衛生管理のためのガイドライン）

出典：厚生労働省．自宅等でテレワークを行う際の作業環境整備

う情報が掲載されています。そこには部屋の広さや気温、パソコン画面の明るさなど、環境づくりの基準が細かく書かれています**（図表3-1図参照）**。

そのなかの「照明」のところを見ると「照度は300ルクス以上」という言葉があります。ルクスとは、照度（光を照らした面の明るさ）を表す単位で、屋内照明であれば光源から放たれた光が机や壁に当たったときの明るさを表し、数値が大きいほど照らされた面が明るいことになります。

ちなみに、オフィス（事務所）の照明については、以下が目安とされています。

①事務所の照度基準（JIS Z9110）

ＪＩＳとは、日本産業規格（Japanese Industrial Standards）のことで、産業標準化法に基づき制定される国家規格です。このなかのＺ９１１０は照明基準総則といい、さまざまな場所における明るさの基準が示されています。

この総則によると、**設計や製図などの視作業に対する推奨照度は750ルクス、キーボード操作や計算は、500ルクスと定められています。また推奨照度には、照度範囲も定められていて、750ルクスの照度範囲は、500〜**

1000ルクス。500ルクスの場合は、300〜750ルクス。つまり定められた推奨照度は、照度範囲の中央値を示しています。

②労働安全衛生規則

労働安全衛生規則では、次のように作業ごとの明るさが定められています。

第604条（照度）

事業者は、労働者を常時就業させる場所の作業面の照度を、次の表の上欄に掲げる作業の区分に応じて、同表の下欄に掲げる基準に適合させなければならない。ただし、感光材料を取り扱う作業場、坑内の作業場その他特殊な作業を行なう作業場については、この限りでない。

- **緻密な作業　300ルクス以上**
- **普通の作業　150ルクス以上**
- **粗な作業　70ルクス以上**

第605条（採光及び照明）

事業者は、採光及び照明については、明暗の対照が著しくなく、かつ、まぶしさを生じさせない方法によらなければならない。

2　事業者は、労働者を常時就業させる場所の照明設備について、六月以内ごと

に一回、定期に、点検しなければならない。

③情報機器作業における労働衛生管理のためのガイドライン

２０１９年に厚生労働省より公表された、情報機器作業を対象としたガイドラインです。はじめにご紹介した「自宅等でテレワークを行う際の作業環境整備」にも反映されているガイドラインのうち、特に着目してもらいたい第４項をご紹介します。

４．作業環境管理
（１）照明及び採光
イ　室内は、できる限り明暗の対照が著しくなく、かつ、まぶしさを生じさせないようにすること。
ロ　**ディスプレイを用いる場合のディスプレイ画面上における照度は５００ルクス以下、書類上及びキーボード上における照度は、３００ルクス以上を目安とし、作業しやすい照度とすること。**また、ディスプレイ画面の明るさ、書類及びキーボード面における明るさと周辺の明るさの差はなるべく小さくすること。

ハ　ディスプレイ画面に直接又は間接的に太陽光等が入射する場合は、必要に応じて窓にブラインド又はカーテン等を設け、適切な明るさとなるようにすること。
ニ　間接照明等のグレア防止用照明器具を用いること。
ホ　その他グレアを防止するための有効な措置を講じること。

特に③は、インテリアの要素が密接に関わっていることが知られています。

こうしたさまざまな基準がもとになり、テレワーク環境での明るさの目安は、300ルクス以上、とガイドラインで示されているわけです。
ただし、仕事によっては、今までのオフィスは細かな作業環境を想定し、1000ルクス近い環境だったかもしれません。そうすると、テレワーク中のご自宅の明るさとギャップを感じられている方もいらっしゃるはずです。逆もまたしかり。一概にテレワーク環境といってもお仕事内容によって、必要な明るさは異なります。テレワーク＝300ルクスが絶対必要かといえば、そうでない方もいらっしゃるでしょう。さまざまな基準は、ご自身に合わせた照明環境を設定するための目安だと覚えてください。

ただ、ここで全ての皆さんに言えることは、照明はテレワーク環境を整えるにあたって、とても重要だという点です。細かな基準が設けられているのは、光は眼精疲労と密接に関わっているからなのです。

情報機器を使った長時間に及ぶ作業は、目に負担を与えます。特にテレワークの普及とともに、少しでも目の負担を和らげようと、画面の明るさを抑えることに気を配る方も増えたと感じます。ただ、画面の明るさだけでなく、周囲の明るさ、つまり自宅の照明環境も目に負担を与える原因となり得ます。

瞳孔は明るさに応じてその大きさを調整します。ディスプレイ画面の明るさとその周囲に明暗差があればあるほど、負担は大きくなります。またギラギラしたグレアにも要注意。強い光源などが目に入ると、まぶしさを感じたり、ディスプレイの文字などが見にくくなり、眼精疲労を招く原因になります。これは、網膜の順応や瞳孔の大きさによって行われる目の明るさ調整で、強い光があるとそちらが優先されるため、比較的暗い画面上の文字は見にくくなるという現象が起きてしまうのです。

テレワーク環境で眼精疲労を防ぐには、画面の明るさだけでなく、周囲の照明環境への配慮も必要であるという点をご理解いただけたでしょうか。

もうひとつ、住まいでは空間サイズにオフィスと違いがあることも考慮しなければなりません。

先程、ルクスとは光源から放たれた光が机や壁に当たったときの明るさのことだと書きました。これは、同じ照明であっても利用する条件下（例えば、光に照らされた面までの距離や照明器具の大きさなど）によってルクス値は変化することを意味します。具体的にいうと、照明と机との距離が近いほど数値が高く（より明るく）、机から離れるほど低く（より暗く）なります。

オフィスの天井高は3ｍを超える場合もありますが、一般的な住まいの天井高は2・4ｍ程度。築年数の古い建物なら、2・2ｍ程度の場合もあります。また、日本の住まいは天井に照明がついている場合が多いので、自宅でのテレワーク環境では、おのずと光源との距離が近くなります。

仮に、今までのオフィスと自宅が同じような明るさだとしても、光源との距離は近くなっている可能性があります。明るさだけでなく、光源による直接の刺激がないかどうかも、確認いただきたいポイントです。

ちなみに300ルクスの目安は、夜間の通勤電車、車内の明るさです。

私がよく使う電車で測定したところ、比較的空いている状況（人影ができない）で、

座って本を読むときの手元の明るさがおおよそ300ルクスでした。
300ルクスがどの程度かのヒントになれば、幸いです。

（引用）
厚生労働省．自宅等でテレワークを行う際の作業環境整備
日本産業規格．JIS Z9110，2011年
労働安全衛生規則
厚生労働省．情報機器作業における労働衛生管理のためのガイドライン．2019年

色には温度がある

インテリア計画では、照明における「光の色」をとても重要視します。色や素材の見え方、空間の印象を大きく左右する要素として、光の色選びは常に気の抜けないポイントです。それは光の色によって、空間が心理面に与える影響が大きいからという理由があります。昔はオレンジ系の電球色と白色系の昼光色、ふたつのうちどちらを選ぶかはその部屋がくつろぎの部屋か、作業する部屋かによって選択されました。そこでリビングなどはくつろぎの電球色、書斎や勉強部屋、キッチンなどは作業時の視認性が良い昼光色といった基準でした。そのうち、キッチン空間とリビング&ダイニングがつながるオープンキッチンのプランが増え、一室で作業とくつろぎが混在するとき、光の色はどっちを選ぶ？　といったケースも生まれました。今は、ＬＥＤの普及によって、どちらの色もひとつの器具で賄えるものが増え、中間色にあたる、温白色のダウンライトやベースライト（空間全体を照らす照明器具）なども一般的になりました。

ご自宅の照明に、光の色を選べる機能がついていても、知らずに利用されていない方が結構おられます。この光の色は、部屋の印象を変える効果が高いことはもちろん、健

康にも関わりが深い照明の機能です。副交感神経を優位にリラックスに導くか、交感神経を活発に覚醒へと導くか、光の色は重要な鍵を握っています。

照明器具やランプを選ぶときに、ぜひ確認いただきたいのが、光の色温度を表す指標、ケルビン（K）です。照明のカタログやパッケージにも掲載されています。

ちょっと聞き慣れない色温度という言葉、これは太陽光や人工的な照明などの光源が発する光の色を表す尺度で、数字が低くなるにつれて赤味が強くなり、高くなるにつれて青味が強くなるとされる数値です。

光の色には、「キャンドルの光」や「夕暮れの光」、「白熱電球の光」、「朝日の光」、「白っぽい蛍光灯の光」など、赤みを帯びたやわらかい光もあれば、冷たい印象の青白い光もあります。このうち、キャンドルのような赤みがかった光は2000ケルビン程度、昼間の太陽光は5500〜7500ケルビン程度、晴天の青空は1万ケルビン程度となります。低い色温度では落ち着いた光となり、高い色温度では明るく活動的な光となります。

ちなみに、ケルビンはあくまで色温度なので、ケルビンが高いほど明るいわけではありません。

光の色を上手に使いこなすことも、健康を考えるうえで大切な照明のポイントです。

図表3-2　色濃度のイメージ

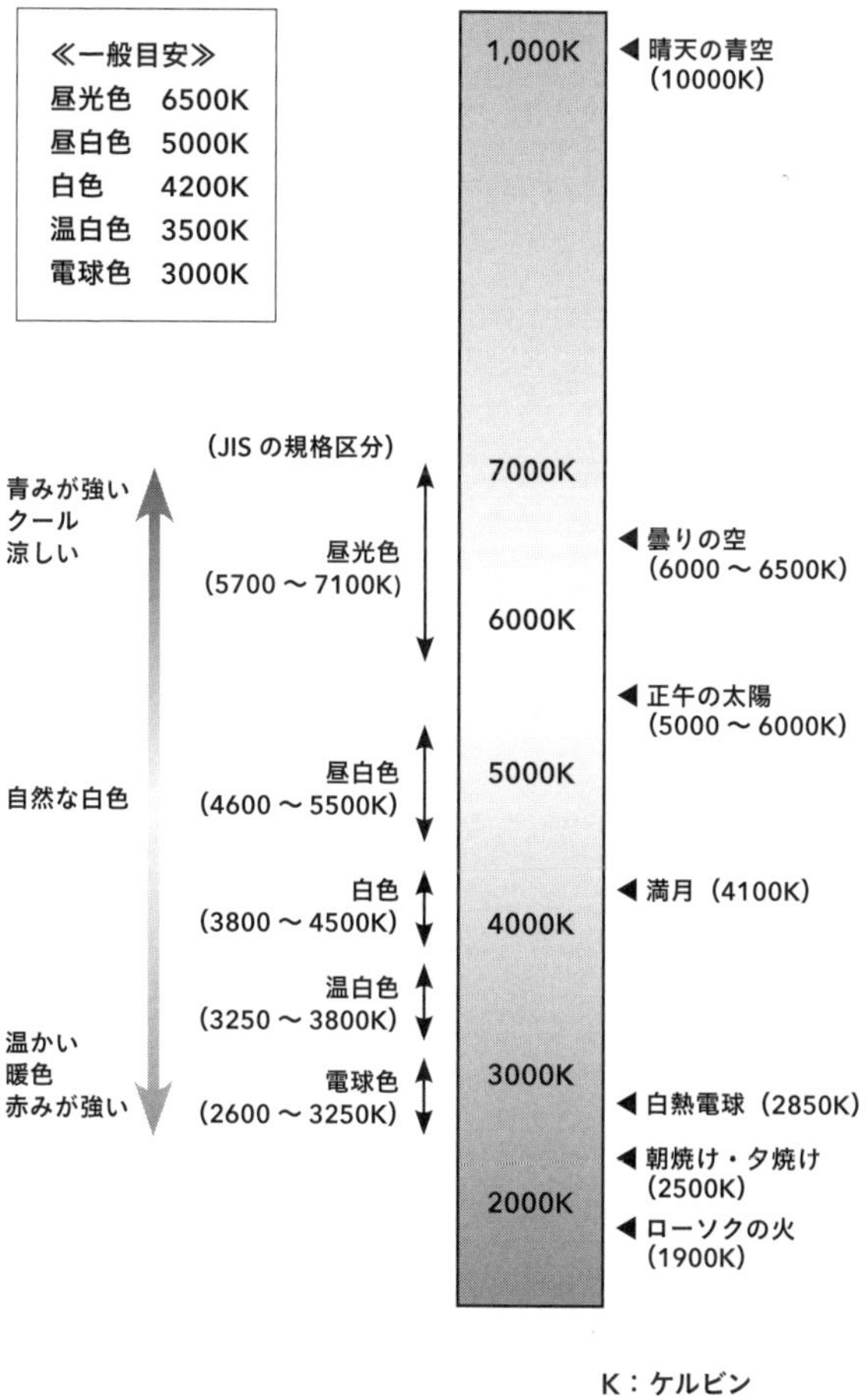
≪一般目安≫
昼光色　6500K
昼白色　5000K
白色　4200K
温白色　3500K
電球色　3000K
1,000K
晴天の青空（10000K）
（JISの規格区分）
青みが強い
クール
涼しい
7000K
昼光色（5700～7100K）
曇りの空（6000～6500K）
6000K
正午の太陽（5000～6000K）
自然な白色
昼白色（4600～5500K）
5000K
白色（3800～4500K）
満月（4100K）
4000K
温白色（3250～3800K）
温かい
暖色
赤みが強い
電球色（2600～3250K）
3000K
白熱電球（2850K）
朝焼け・夕焼け（2500K）
2000K
ローソクの火（1900K）
K：ケルビン

光源の選択肢

今や、私たちの暮らしには、ＬＥＤ電球が最も身近な存在になりました。とはいえ、まだまだ使える昔の照明器具をお持ちの方もいらっしゃるでしょう。ここでは、知っているようで実はあまり知らない各光源の特徴をご紹介しましょう。

■白熱灯（白熱電球）

電球として約１４０年の歴史がある、フィラメント（電球内の金属線で光を発光する）に電流を流して白熱発光させる、丸い形状のランプです。

この光源の長所は、キャンドルの光を思わせる落ち着いた暖色の明かりにあります。そのため、これまで寝室やリビングなどリラックスしたい空間によく利用されてきました。また、演色性（色を正確に表現する性能）が高く、料理をおいしく見せる効果もあることから、ダイニングの電球としても適しています。ちなみに、蛍光灯とＬＥＤ電球は明るさを調節するための調光機能に対応していないものもありますが、白熱球は全て調光機能に対応可能なのも特徴です。

デメリットとしては、電球の寿命が1000〜2000時間と短く、電気のほとんどが熱エネルギーとなってしまうため、効率が低く、消費電力が大きいことが挙げられます。近年、大手メーカーが製造を中止したのも、地球温暖化対策の一環によるものです。

■蛍光灯

蛍光灯は白熱灯と比べて消費電力が少なく、寿命が長いのが特徴です。また光色も、白熱灯が1色なのに対し、蛍光灯は「電球色」、「昼白色」、「昼光色」など、色温度のバリエーションがあります。

近年、ランプのなかに使用されている極微量の水銀による環境被害への配慮から、ほとんどのメーカーは蛍光灯照明器具の生産を終了しています。

※照明器具そのものの生産は終了しても、業界内数社より蛍光灯ランプの販売は当面継続されるようです。

■LED

白熱灯、蛍光灯に続く次世代照明として急速に普及してきたLED。その名称は「Light Emitting Diode」の略で、日本語でいうと「発光ダイオード」という意味。その最大の特長は省エネ、長寿命です。電気代は白熱球の約1／8、電球の寿命は白熱灯の

20倍にあたる4万時間以上と、超長寿命。従来光源に比べて寿命が長いため、点灯時間が長いリビングや、取り替えが困難な高所、間接照明などに向いています。
冒頭でご紹介したような間接照明も、今ではLEDの普及によってメンテナンスを気にせず、手軽に取り入れられる手法になりました。

豆知識

明るさの指標は「ルーメン」

LED電球の明るさの指標は、ルーメン（lm）で表示されます。しかし、LED電球のパッケージには、ルーメンとともに「○○ワット（W）相当」といった表記も記載されています。ワットと聞くと、白熱電球のワットと同じ意味のように思いがちですが、実は違います。白熱電球のワットは、消費電力を示す単位で明るさの単位ではありません。もちろん、ワット数が高くなるほど消費電力も高くなり、その結果、明るくなるので、一般的には白熱電球を選ぶ際の明るさの基準になっていました。
LED電球の場合は白熱電球に比べてはるかに低い消費電力で同等の明るさを

実現できるので、例えば、実際には１００ワットの消費電力を使わずに１００ワットと同じくらいの明るさを実現できます。それが「１００ワット相当」という表記方法の意味です。

■有機ＥＬ照明

ＬＥＤとともに次世代の照明といわれるものに、有機ＥＬ照明があります。有機ＥＬとは「有機エレクトロルミネッセンス」の略で、通称ＯＬＥＤ《オーレッド》(Organic Light Emitting Diode)と呼ばれます。ＬＥＤのように「点」で発光するのではなく、「面」で発光するなど、異なる発光特性をもっています。

特徴は、面で発光するため、明るさが均一に広がり、光源を直視しても刺激が少ないため、目にやさしい点が挙げられます。またギラツキがなくマットな光のため、紙を照らしたときに文字などが読みやすく、読書に向いている光源といえます。

また、ＯＬＥＤもＬＥＤと同様、超長寿命（約４万時間以上）です。

column

明るすぎる照明は作業効率を下げる!?

「感察工学研究会」による目視検査方法の改善と検査員の健康を守る取り組みについて

テレワーク空間や勉強部屋の照明は明るいのが一番！　だと思っていませんか？　明るすぎる照明は目を疲れさせ、結果的に作業効率を下げてしまうこともあるのです。

明るさへの常識を払拭したことから、健康的な作業環境が生まれた事例について「感察工学研究会」から次のような報告を受けています。

工場の目視検査の現場では、「集中して不良を探し出す」検査方法が一般的に行われてきました。これは、明るいほどよく見える「中心視」を使った「不良箇所さがし」の検査方法で、手元の照度が３０００ルクス以上を超える現場も珍しくありません。このような明るすぎる状態での作業環境では、検査員さんの疲労がたまりやすく、それにともなって不良品の見逃しが増えることが問題視されてきました。

目視検査とは、文字通り「人間の目で見て行う検査」のこと。製造現場において部品や製品のキズの有無、良し悪しを判断するために使われる、最も身近な検査方法です。

「感察工学研究会」では、不良品の見逃し率を低減し検査時間の短縮にもつながる「周辺視目視検査法」という新たな検査方法の普及活動を進めています。この方法は、私たちが普段何気なく行っている「蚊を見つける方法」と同じです。集中して（中心視）探しても見つけられませんが、広い視野でコントラストを生かして探せば容易に見つかります。これが周辺視です。

図表3-3　光環境は姿勢にも影響する

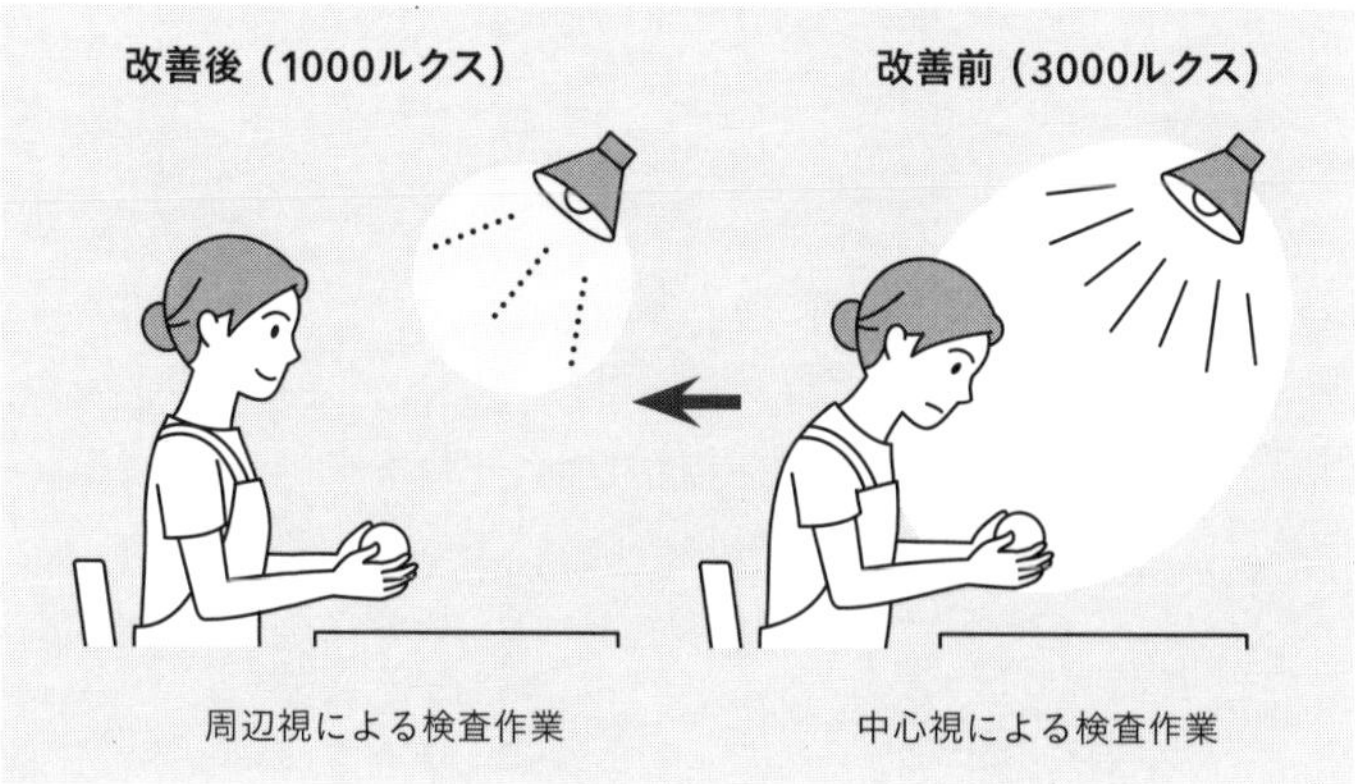

視野全体を一度に見て、良品と異なるものが現れた瞬間に変だと感じる違和感に基づいて検査を行います。

この検査方法のポイントのひとつは「明るすぎないこと」です。

手元の照度を1000ルクス程度に下げて「周辺視」が働きやすい作業環境にします。この方法の優れたところは、不良品の見逃しの低減や検査時間の短縮だけでなく、検査員さんの健康状態も改善する効果があるということです。目に入る光が明るすぎないため、また目の使い方も変わるため、目のかすみや眼精疲労が改善され、さらに姿勢も良くなって、肩こりや胃腸などの症状も、この検査方法を導入することにより改善されたとの報告があります。

※中心視の場合は視野が狭く目が製品にくぎ付けになります。このため首が極端な前傾や猫背状態になる傾向がありますが、周辺視では視野が広くなるためこのような姿勢が改善されます。

この活動では、環境照明の影響を減少させることで目視検査の手元照度は300ルクスでも十分であるという事例も報告されており、有機EL照明を用いた光源特性が有効という実施事例があります。

中心視による検査作業では、明るいほどよく見えますが、その明るさによって目が疲れて良く見えなくなり、さらに明るい光が必要になる。するとさらに目が疲れる、という悪循環に陥り、目への負担が増幅します。周辺視による検査作業

では、手元の照度を低くするため、疲れにくい状態で検査を続けることができます。

以上の報告からもわかるように、目視検査＝明るくしないとダメ、という固定観念を払拭したことから、健康にも配慮した作業環境が生まれたのです。

もし、今のテレワーク環境が明るすぎると感じるなら、照明を見直してみてはいかがでしょうか？　目の負担が和らいで、作業がはかどるかもしれません。

（引用）
石井明，佐々木章雄，中村俊，and 森由美，周辺視目視検査法の理解と導入のためのヒント（周辺視目視検査法の導入を検討していただくために），公益財団法人ちゅうごく産業創造センター，２０１７，59 p.

佐々木章雄："周辺視目視検査法"，PVI2017 外観検査ワークショップ－目視検査の異次元展開と自動化－講演概要集（2017）：１-２.

石井明："究極の外観目視検査技術を目指して（製造工程で活躍する外観検査技術）"，非破壊検査：Jjournal of the Japanese Society for Non-destructive Inspection 69.7 (2020) : 312-317.

照明器具のいろいろ

最高のテレワーク環境をつくるには、最適な照明器具を選び、その機能を上手に使いこなすことが重要です。目の疲れや睡眠サポートなど、光のコントロールは健康に良い影響をもたらすことが期待されます。結果として、良いパフォーマンスにつながるとすれば、照明にはぜひこだわっていただきたいのです。

照明器具にはいろいろな種類があり、選ぶのに迷ってしまうところがあります。それぞれの特徴についてまとめてみました。選択の参考にしてください。

■シーリングライト（直付灯）

室内の天井に直接取り付ける照明器具。高い位置から部屋全体を照らすことができるため、メインの照明として利用される場合がよくあります。広い畳数に対応する大型から省スペースな空間で使用できる小型までサイズはさまざまあり、最近ではリモコンで明るさや色温度を段階的に調整できる調光・調色機能のついたものも製品化されています。

図表3-4　照明器具のバリエーション

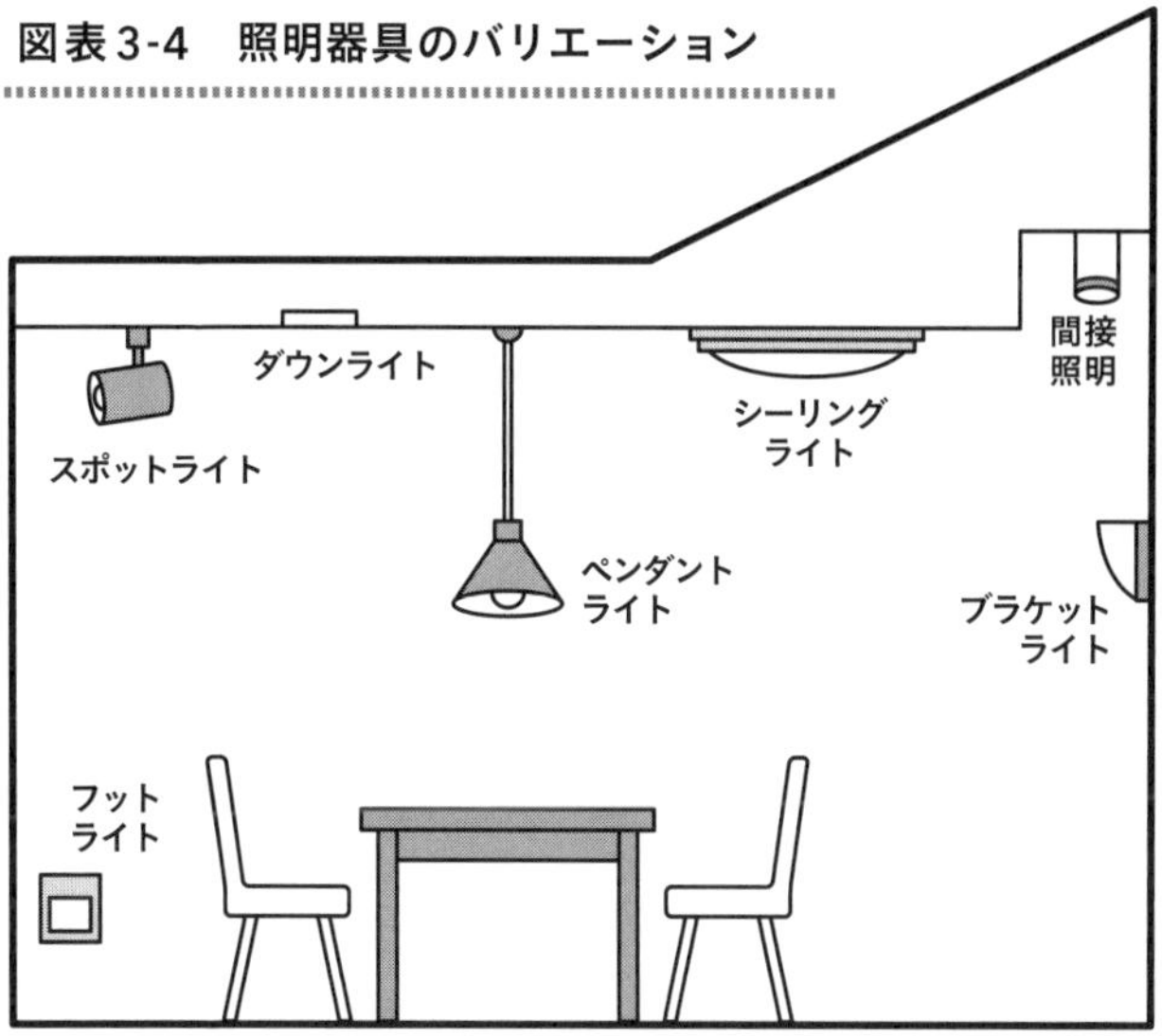

■ペンダントライト

天井からコードやチェーンなどで吊り下げる型の照明器具のことで、多灯で装飾性のあるものをシャンデリアと呼びます。一般的には、カウンターテーブルやダイニングテーブルなど限定的な範囲に光を届ける目的で使われますが、セード（※）の素材によって、光の拡散が異なります。シャンデリアは、豪華なリビングルームや吹き抜けなどにも使われています。

※セードとは？
光源から出る光を覆うように照明器具に取り付けられているカバー。金属、ガラス、樹脂、紙など、さまざまな素材がある。

■ダウンライト

天井に埋め込んで設置する開口の小

さい照明のこと。一般的には、単体で使用するのではなく、複数のライトを一定の間隔で配置します。天井とフラットに設置するため、照明器具の存在を目立たせたくない場合や空間をすっきりと見せたい場合に有効で、ディスプレイ等の補助的な使用にも適しています。照射角度が変えられる「ユニバーサルダウンライト」なら、光の方向を自由に調整することができるため、絵画や家具に向けてスポットライトのように照らすこともできます。

最近は光源が見えにくい、まぶしくないダウンライト（グレアレスダウンライト）も開発されています。

■**スポットライト**

部分的に集中して光を当てたい場合などに使われる照明器具で、天井に固定する「フランジ式」とレール上を移動させて使える「ライティングレール式（ダクトレール式、配線ダクト式とも呼ばれます）」があります。絵画やインテリア雑貨を照らしたり、壁や天井に向けて間接照明にしたりすることで、空間を立体的に演出することができます。

■**ライティングレール（ダクトレール・配線ダクト）**

天井に設置する照明用のパーツです。レールの内側に電気が流れているため、レール

上であればスポットライトやペンダントライトなどの照明を好きな位置に取り付けることができ、あとから移動することも可能です。引っ掛けシーリングに自分で取り付けられるタイプもあり、明るさや見た目を調整しながら自由に部屋の演出を楽しむことができます。もとは店舗用でしたが、こうした利便性の高さから今では一般家庭でも普及しています。

■フロアライト

フロアライトは、床に置くタイプの照明。長い支柱の先にランプが取り付けられているスタンドタイプから、背が低く光源が床に近いタイプまで、さまざまな製品があります。インテリアとしてデザインを楽しむものもあれば、ソファなど家具の背後にしのばせて、間接照明をつくるタイプもあります。床などに固定されていないため、インテリアと合わせて自由に移動することができます。

■スタンドライト

テーブルに置くものをデスクスタンド、床に置くものをフロアスタンドといいます。自由に移動ができる置き型になるため、コンセントがあればどこにでも置くことができます。デスクスタンドのなかにはクランプで固定するタイプの製品もあり、傾斜のある

天板や本棚の側板などにも設置が可能です。

■ブラケットライト

壁や柱といった垂直面に設置する照明。外壁や玄関先など、屋外で設置されることも多く、器具の外側に光を向けるタイプのほか、天井や壁を照らす間接照明タイプもあります。リビングなどの広い空間では補助照明として設置されるなど、壁面を照らすことでやわらかな陰影を演出することができます。デザインの幅広さがあり、インテリアに合わせて選べるラインナップが魅力です。リフォーム、リノベーションの際に設置すれば、壁の内部にコードを埋め込めるため、すっきりとした印象になります。

■フットライト

足元灯、足下灯とも呼ばれ、階段や薄暗い場所でのつまずきや転倒防止のために足元を照らす照明です。インテリア性というよりも、実用性を重視した照明で、夜になると自動的に点灯する「タイマー」タイプや人が近づくと点灯する「人感センサー」タイプなどがあります。

〈機能〉

■調光機能

シーリングライトやダウンライトなどによく付いている、光の明るさを段階的に調節できる機能です。調光機能付ＬＥＤシーリングライトには、リモコンに明るさ調整用のボタンがあり、「明るく・暗く」や「20％、50％、75％、１００％」といったパーセント表示がついています。これらは段調光（段階的な調光）と呼ばれるものですが、ダウンライトなどは、壁付の調光スイッチと連動させることで、１％あるいは５％程度～１００％のスムーズな調光が可能です。

照明を必要な明るさに調整し使うことは、結果として消費電力を下げることになり、ランプ寿命も延ばします。調光は、健康にも役立ちエコな機能といえます。

■調色機能

光の色を調節できる機能です。先程ご紹介した色温度（ケルビン）をひとつの光源で変えることができます。調色機能付ＬＥＤシーリングライトには、リモコンに色味を変えることができる機能がついています。

体内時計のリズムを整えるために日中は白色系の光を、夜はオレンジ系の光に切り替えることも可能です。光の色を上手に使い分けると、睡眠サポートにもつながります。

■人感センサー

人が近づくとセンサーが反応し、自動点灯する機能です。階段や廊下に使えば、暗がりのなかでスイッチを探す手間が省けます。また、玄関や屋外灯にその機能があれば、防犯対策にもなり便利です。ただ、健康面から少し心配なのは、人感センサーで点灯する光の質です。例えば、廊下やトイレに明るく白い光の照明がついていたとしましょう。夜トイレに起きるたびに、必要以上の明かりが点灯することで、眠りを妨げる覚醒のスイッチが入ってしまう可能性があります。

トイレへのアプローチも含め、夜の眠りを妨げにくい低照度の電球色の明かりと人感センサーの組み合わせは便利でしょう。睡眠の質は仕事のパフォーマンスを左右する重要な要素。夜間に強い光を浴びすぎないような機能と光選びがポイントです。

光は自分以外に向ける

照明は空間を素敵に演出し、広がりを与え、仕事の作業効率を高めたり、暖かでやさしい雰囲気をつくり出したりします。同時に、扱い方によっては〝刺激〟にもなります。まぶしさは、その代表例です。

光の刺激といって思い浮かぶのが、昭和の刑事ドラマのこんなワンシーンです。場所は、薄暗い取調室。そのなかで、刑事がアメとムチで犯人を追い詰めます。差し出されるカツ丼がアメの定番ならば、ムチの代表といえるのが、デスクの上に必ず置かれていた裸電球のデスクライト。刑事は自白を迫るシーンで、ここぞとばかりにデスクライトの光を犯人の顔のそばに近づけます。つらそうに、まぶしい光に目を背ける犯人……。

これは極端な話ですが、近すぎる光は、まぶしさという刺激となって人を疲弊させます。そのため、リモートワークの照明環境では、照明との距離を頭に入れておくことが大切です。

図表3-5　光の向きは壁や天井に

今の作業空間に、スポットライトの光が視線に入ったり、デスクライトが目の前にあったりというようなことはありませんか？　光源と近い、目に直接光が入るという状況は、知らず知らずのうちに環境から刺激を浴びていることになります。特に片頭痛で光過敏をもつ方は、それが頭痛を引き起こす原因になることも多いので、避けることが大切です。

身体を守り、無理をかけないように、ぜひテレワーク環境では光との距離、さらに位置関係を大切に考えていただきたいと思います。

といっても難しく考える必要はありません。照明と一定の距離を保つのは、意外に簡単です。

例えば、デスクライトなら光が壁に当たるよう向きを変えてみましょう。それだけで間接照明になります。同様に、まぶしいと感じるのが壁や天井からのスポットライトの光なら、同じく向きを変えることで刺激が回避できます。

照明は自分以外（壁や天井）に向ける。これは部屋の印象を明るくし、空間を広く見せる基本テクニックでもあるのです。

先程、目の負担を軽減するためには、ディスプレイ画面と周囲の明るさとの明暗差をなくすことが大切だと話しました。もし画面の背景が壁の場合、デスクライトを壁に向けることで、明暗差をなくすことができます。テレビの背景は明るいほうがいい、といわれますが目的は同じです。また、周囲の明るさを暗めにすることで画面の明るさを抑えることができます。これも光を壁に向けることでできる目の負担を軽減する方法です。

もし、まぶしさの原因が天井付けのシーリングライトやダウンライトなど、照明の向きを変えられない照明にあるなら、デスクやチェアの配置を変える方法があります。ベストポジションは、視線に光が直接入らないような家具配置。作業の場所を変えるだけでも、光との距離を変えることができるのです。

光と一定の距離を保つこと。これもテレワーク環境から刺激をなくし、カラダとココロにやさしい環境をつくる方法のひとつです。

リモートライトの使い方

テレワーク環境が増え、照明との距離に注意が必要だと感じた理由に、リモートライトの存在があります。

先程も書いたとおり、照明とは適度な距離を保つことが重要です。なぜなら、同じ光源でも距離が近くなればなるほど、目には刺激となり、ストレスを与える存在になってしまうため。スマートフォンやパソコンモニターから40㎝離れることが推奨されているのも、その影響を受けにくくするためです。光を直接、見続けることからくる刺激は、距離によって影響が異なるのです。

しかし、今はリモートワークの普及によって、照明との距離がさらに接近しています。その一例が、カメラ映りを良くするために使われはじめた「リモートライト」。撮影現場でレフ板やキャッチライト、通称女優ライトなどが人の顔色や表情をきれいに見せるように、光源を近くに置くことで、その効果は高まります。リモート会議が日常化するなか、今や多くの人にとってリモートライトは不可欠な存在といえるかもしれません。

試しに、私も直径30㎝ほどの一般的なリングライトを使ってみました。画面のなかの映りは明るすぎることもなく、ちょうどよい見え方に感じましたが、光の強さは目に飛び込んできます。逆に遠ざけてみたところ、約60㎝離した段階で映りを良くする効果に限界を感じる状況になってしまいました。私の場合、１台で試してみましたが、器具のスペックやリモートライトを何台使うかなどによって光の強さに差は生じるでしょう。ただ照明だけで効果を得るには、やはり距離が近いほどメリットが高いことは確かです。

しかしその半面、光源が近づくほど光刺激は高まります。リングライトをディスプレイの近く、顔から約40㎝の距離に置いて、照度計で目の位置の明るさを測ってみたところ、表示されたのは７００ルクス以上。計測する面に違いはありますが、テレワーク環境で推奨される机上面の３００ルクス、ディスプレイ画面の５００ルクスを上回る値でした。

実際、私のまわりでも「購入したものの刺激が強すぎて使用を躊躇する」、「1時間以上使うと頭痛がする」という話をよく耳にします。

リモートライトを試した結果から感じたのは、表情を明るくきれいに魅せるという目的から、光源を極力近づけて使用している人が多いのでは？ということです。在宅であれば、光との距離は本人にしかわかりません。一定の距離を置いているか、刺激が強

くなりすぎていないか、ぜひ、セルフチェックしてみましょう。

身体に配慮しつつ、リモート環境を充実させるには、照明だけに頼らず、インテリアを味方にする使い方がおすすめです。

使い方のポイント

①リモートライトは、刺激と感じない程度に離し、照度を抑えて使用する
↓目安は40㎝以上の距離を保つこと。調光機能を使い、自分がつらくない程度の明るさ設定で使いましょう。

②光色は、中間色か電球色を選ぶ
↓顔を白く明るく見せるために、昼光色のような白い光を使っていませんか？

特に、夕暮れから夜にかけて明るく白い光を浴びることは、睡眠の質の低下につながります。光色が選べる場合は温かみのある色を選ぶほうが刺激は和らぎます。

③デスク面をレフ板にするテクニックで、明るさを補う
＊レフとは「反射」のことで、ドイツ語のレフレックス（reflex）がその語源。
照明を当てる場合、正面からの光はのっぺりと平面的に見え、上からの光は、まつげ

図表 3-6　リモート環境ではインテリアを味方につけて

などが影を落とすのでおすすめではありません。プロカメラマンは、顔下からの光と、左右非対称の光も取り入れ、表情に立体感をつくるそうです。

レフ効果を狙うなら、顔の影を消す顔下からが最も効果が高いとのこと。身近にある白っぽいもの、例えば画用紙やタオル、台本などもレフ板として使うそうです。

それであれば、テレワークでは光を直接顔に向ける代わりに、デスクをレフ板として使ってみてはいかがでしょう。

もしあなたのデスクが濃いブラウンの場合、白いテーブルクロスで覆うだけでもレフ効果が狙えます。白

いものであれば、コピー用紙やボードなど、テーブルクロス以外の素材でも代用できますが、生地なら畳んでコンパクトに収納もできるので、リモート用に白い布を一枚用意しておくと便利ですね。また、布への反射は照り返しもやわらかです。

ちなみにレフ効果が逆のケース、光刺激になることもあります。ある方は、日当たりの良いダイニングでテレワークをされていましたが、たまたまダイニングテーブルが白く光沢のある鏡面テーブルだったため、気づかないうちに光反射による刺激を受けていました。長時間ダイニングで作業を続けることで目の疲れにもつながっていたようです。解決策は、こちらもテーブルクロスでした。光刺激を和らげるためにおすすめしたのは、生成り色のリネンやコットンの自然素材の生地。生地がもつ素材感と色が、この場合には役立ちました。

テレワーク場所としてダイニングテーブルを利用される方は多いですが、オンとオフ、両方で活用するためにはプラスαのインテリアアイテムをぜひ利用してみてください。

今はさまざまな商談・面談がリモートで行われる時代です。画面情報が頼りの中で、印象を左右する表情の見え方は誰しも気になるもの。ただ、見え方を優先するあまり、

過剰な照明が逆に表情を曇らせてしまったり、リモート自体が億劫になったりするのは残念なことですね。

　照明と適度な距離を保ち、インテリアアイテムで調整する。住空間ならではのセルフケアのポイントです。

コントラストに配慮する

パソコン作業が多くなりがちな今は、モニターの光による目の疲れも気になるところです。先程、ガイドラインの紹介でも触れましたが、目をいたわるためには、モニターの照度設定を抑えるとともに、その周囲の明るさ、明暗差にも配慮する必要があります。つまり光のコントラストです。

強いコントラストは眼精疲労につながります。私は、セミナー用スライドを作成するとき、背景を白からややグレーに、文字を黒からややグレーにすることで、背景と文字の色のコントラストを抑え、目にやさしい工夫をするようにしています。セミナーもオンライン開催がスタンダードになった今、1時間程度モニターを見続けることも少なくありません。避けられる刺激は極力回避するよう心がけましょう。

なかには周囲が暗いほうがパソコン作業に集中できるからと、時々、部屋を真っ暗にしてモニターに向かう方がいますが、それはNG。なぜなら、モニターとその周辺に明暗差があると、目がモニターの明るさと周りの暗さの両方に対して調整を繰り返してし

まい、眼精疲労の原因となるからです。パソコンによる眼精疲労はＶＤＴ症候群（別名テクノストレス眼症）ともいわれ、モニターを長時間近くから見ていると目の痛みや頭痛などが起こることもあり、仕事や生活のパフォーマンスが落ちてしまいます。

こうした症状を防ぐには、明るい場所を暗くするか、暗い場所を明るくするか、いずれかの対策が必要です。

光も色も、コントラストが強いほど刺激となり、刺激は時間に比例し身体の負担につながります。モニターのなかだけに留まらず、周囲も含めたコントラストに配慮してください。

4章

ちょっとの工夫
＆テクニックで
光を味方に！

間接照明はメリットがたくさん

間接照明は、アクティブ・ケアからみて、またテレワーク環境にとっておすすめの照明手法です。これは厚生労働省によるガイドラインでも示されている通り、作業に適した明かりでもあるからです。

■ **間接照明のメリット**

・光源を直接見ることがなく、まぶしさを感じにくい
・空間全体に光のムラをつくらず、均一に照らす
・手元の影をつくりにくい

メリットの多い間接照明ですが、意外と簡単につくることができることは前章でご紹介した通りです。今あるデスクライトやスポットライトの向きを変え、壁に向けるだけでも間接照明になります。また少しアレンジするとすれば、テープライトのようなＬＥＤを棚やキャビネットの背面に張り付ける方法も簡単です。

壁に向けた光で拡散光をつくることが間接照明になる、と考えれば、身近なアイテムでも十分アレンジできるのではないでしょうか。

■リノベーションの場合

特にリノベーションのタイミングは、間接照明を取り入れる絶好のチャンスです。光環境にこだわった事例からそのメリットをご紹介しましょう。

その物件は、大阪に建つ築45年のヴィンテージマンション。年式からして、リノベーション以前は梁や柱型の出っ張りも多く、天井高も低めでした。床は和室のなごりから段差もありました。

古くてデメリットの多い空間を居心地の良い空間へ再生するには、どうすればよいのか――。

その答えは、「天井に一切照明をつけないこと」にあります。

かつて私は「天井に一切照明をつけないのが夢」というお客様と出会い、「光」への考え方が大きく変わりました。以来、照明は空間をただ明るくするためだけではなく、そこにいる「人」への影響も考えるようになり、光のコントロールを通して現代人に多い片頭痛の症状を和らげることに取り組んできました。

図表4-1　照明手法による「影」の違い

ダウンライト　　ダウンライト＋間接照明　　間接照明

間接照明は影ができにくいため、読書や勉強など、作業の明かりとしてもおすすめ
（画像協力：大光電機株式会社）

今回のリノベーションでも「人へのやさしさとデメリットの克服」をテーマに、居室はもちろん、水廻りや玄関など住まい全体に「天井に一切照明をつけない」というルールを徹底し、全てを間接照明で仕上げました。

また、デメリットである「天井高の低さ」も克服したい点でしたが、間接照明で天井面に光のグラデーションをつくり出すことで奥行きを演出し、その低さと圧迫感を軽減することができました。ちなみに間接光を受ける壁紙は、AAクロスと呼ばれる標準的な価格帯のものから選んでいます。そのなかからギラツキのないマットな質感を選んだことで、ふんわりとした拡散光

が天井面全体に広がり、光と壁紙によって面積以上の広がりに貢献することとなりました。

低い天井に照明器具が付き、そこから光がスタートすることをイメージしてみてください。当然、器具によっては天井面が暗くなる可能性もあり、空間に明暗差も生じるでしょう。間接照明なら天井の最も高い位置から光が広がり、さらに明暗差も生まれません。結果としてそれが視覚的な広がりをもたらすのです。

間接照明とは、机やダイニングテーブルなど作業するための箇所を直接照らすのではなく、光を天井や壁、床などにあて、その反射光から間接的に空間を照らす照明方法のこと。家庭では、リビングでのくつろぎ空間や寝室に間接照明を取り入れると、落ち着いた明るさによってリラックスをもたらすオフタイムが演出できます。

光に配慮したリフォームは一見、つくり込みが大変そうですが、今は置くだけで簡単に間接照明ができる専用のＬＥＤ器具も普及しています。さらにＬＥＤは長寿命で電球交換も不要なため、一度つくってしまうと手間もかかりません。コスト面、メンテナンス性から見てもメリットがたくさんあります。

加えて、フルリノベーションのタイミングは、照明計画を見直す絶好のチャンスです。

図表 4-2 「天井に一切照明をつけない」リノベーション

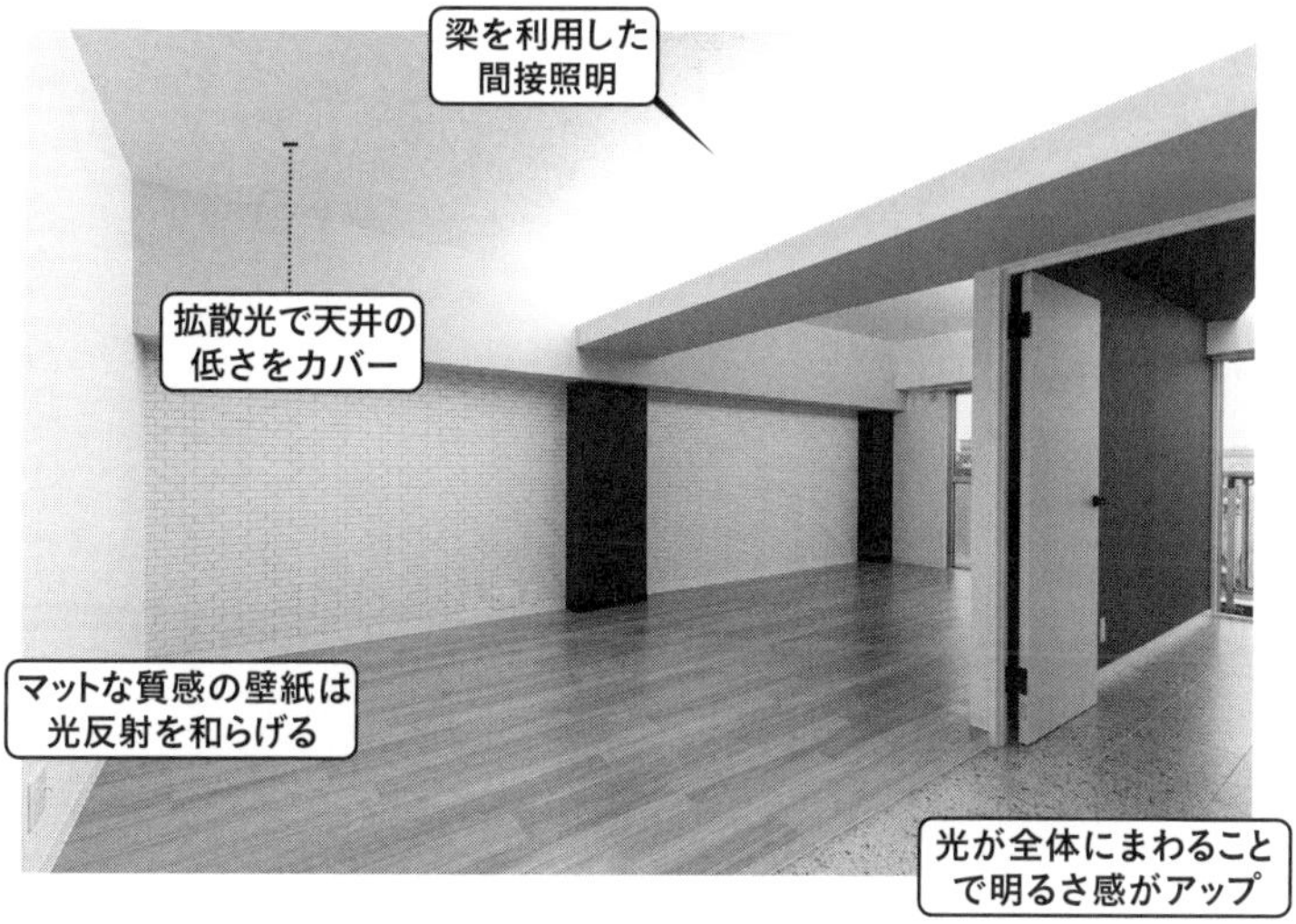
梁を利用した
間接照明
拡散光で天井の
低さをカバー
マットな質感の壁紙は
光反射を和らげる
光が全体にまわること
で明るさ感がアップ

ヴィンテージマンションのリノベーションでは、設置されていた引掛けシーリングを全て撤去し、配線計画も見直し、調光スイッチなども取り入れました。マンションの場合、躯体となる梁型は取れませんが、逆にその梁を間接照明のための造作として活用しています。本来デメリットと思われている梁の多さも、間接照明をつくるという視点から見れば、メリットとして活用できる場合が多いのです。

ここは強調してお伝えしたいことですが、リフォーム時には、ぜひ同時にやっておいたほうが良い工事が存在します。

なかでも、特に光環境の見直しと、壁紙の張替との組み合わせはその好例です。

また、ダウンライトも昔のものより、ずいぶん口径が小さくなりました。壁紙と同時に工事を行うと、補修跡もカバーでき、ツギハギになりません。

限りある予算を何にどう投じるか、悩みどころではありますが、光環境の見直しが、空間価値を変えることは間違いないと思います。これはさまざまなインテリア改修の場に携わってきた私の実感です。

器具代のイニシャルコストはある程度かかったとしても、完成後の調光、空間の広がり、省エネ、そして健康へのメリットを考えると、費用対効果は大きいと思います。また、人にやさしい内装材といえば、珪藻土や漆喰などを思い浮かべる方もおられると思いますが、標準的な壁紙など極力コストを抑えて実現することも可能なのが「アクティブ・ケア」によるインテリアだと考えています。

ポイントは、質感と色の選び方。そして、光との相性です。

特殊な素材を使わなくても、組み合わせ次第で十分魅力的に魅せることができるのが、インテリアコーディネートの良いところ。まさに、コーディネート（調整力）次第で、1＋1は2ではなく、3にも4にもできるのです。

空間を新しく考える際、壁紙を白くすることだけが広く見せる方法ではありません。光と内装材との調整は、健康へのメリットだけでなく、新たなステージング（空間演出）の可能性にもつながります。

この章では、前章までの内容を踏まえ、光と賢くつきあう方法と、新築やリフォームも視野に入れたテレワーク環境の整え方についてご紹介します。

簡単、しのばせテクで間接照明を楽しむ

先程は、工事が伴う間接照明のお話をしましたが、間接光をつくる方法はそれだけではありません。それは、置き型の照明を〝しのばせる〟という手法。スタンドライトを壁に向ける方法と同様、器具を家具などに隠して使います。

私はこれまでロサンゼルスのヴィンテージ住宅をたくさん見てきましたが、アメリカでは古い家ほど天井に照明がなく、その代わりに家具の背後に光をしのばせる方法で、やさしい間接光がつくられていました。

家具だけでなく、グリーン鉢の後方にしのばせると、葉のシルエットが浮かび上がり、また違った印象も楽しめます。光源が直接見えないために、目に負担を与えることなく、やさしい照り返しのみで光が広がります。これはモデルルームなど、空間をより良く魅せる目的でも使われるテクニックのひとつです。

例えば、寝室。ベッドを壁から少し手前に引き、ヘッドボードの背後に照明器具をしのばせます。このとき使用するのは、照明器具メーカーやホームセンターなどでも販売

図表4-3 「しのばせテク」の事例

ベッドヘッドに隠すようにスティックライトをしのばせて
（画像協力：大光電機株式会社）

されている電球色のスティックライト。このスティックライトは、間接照明ならではのやわらかな光の雰囲気を、施工不要で手軽に表現できる優れものです。

実際に映像としてお見せできないのが残念ですが、ちょっと想像してみてください。寝室の照明を消して、ふんわりとしたキャンドル色の光が灯る光景を……。空間がやわらかく、広がりをもって感じられるはずです。

同じ手法で、リビングのテレビボードの裏にスティックライトをしのばせるのもおすすめです。寝室の場合同様、天井からの光を抑えてテレビ周辺をほんのり明るく照らすと、一気にホーム

シアターのような落ち着いた雰囲気が演出できます。ちなみに、テレビ裏にしのばせる方法は、第3章「光は自分以外に向ける」で触れたようにテレビ画面と背景との明暗差をなくすという意味で、目にもやさしい照明手法です。

実は、片頭痛ケアのための簡単模様替えとして、TBS系『健康カプセル！　ゲンキの時間』でもこのテクニックを紹介しました。白色系照明と白い壁紙の組み合わせだった部屋を、ソファの背後に電球色の照明をしのばせる方法で、ふんわりとしたやさしい間接照明の空間へと変えました。壁紙は変えていませんが、しのばせ照明の効果で、かなり部屋の印象は変わったように思います。

片頭痛の光過敏をもつ方には、直接光源が見えないことと、低照度、オレンジ系の電球色を選ぶほうが、刺激を和らげる可能性があるとわかっています。照明をしのばせる、という使い方だけでも、光刺激からの回避につながるのです。

やさしい光環境は身体にやさしいだけでなく、空間の印象を変え、心にもおだやかな影響を与えます。

テレワークでは〝オン〟（仕事中）の環境に意識が向きがちですが、リモートワークで疲れがちな目を休めるためには、〝オフ〟（プライベート）の環境が、〝オン〟同様に

重要です。

仕事が終われば、光を切り替え、疲れをリセット。落ち着いた〝オフ〟の光でゆっくりと心身を休め、翌日の〝オン〟に備えます。

リモート時代のオンとオフの上手な切り替えを図るためにも、照明による変化をもっと身近に感じてほしいと思います。

不快なグレアの正体

光のまぶしさのことを「グレア」といいます。

日常生活でまぶしさを感じるのは、どんなときでしょう？　思い浮かぶのは、例えば夜道を歩いていて前から来た車のヘッドライトの光に照らされたときや、晴れた日に急に暗い室内から外に出たとき。

まぶしさを感じるかどうかは個人差によるところもありますが、太陽の光やヘッドライトを見てまぶしいと思うのは誰しも同じで、サングラスをしたり目をそむけたりして回避するしかありません。一方、それが屋内の照明環境となると改善の余地が出てきます。

不快感や物の見えづらさを生じさせる原因となる照明によるグレアは、周囲が暗く、光源の輝度が高く、光源に近いほど強くなる性質があります。つまり、最もグレアを感じやすいのは、暗い部屋で照明の光を至近距離から見たとき。特に、視線を中心として上下30度の範囲を「グレアゾーン」といい、この範囲に明るい光源があると、まぶしく感じるといわれています。パソコン作業をするとき、モニターの周辺が暗いと、目はその明暗差からまぶしさを感じてしまうのも、そのためです。

また、グレアには「反射グレア」というものもあります。これは文字通り、どこかに反射した光によるまぶしさのこと。具体的には、ガラスの反射や光沢のあるテーブルに反射した照明の光のほか、鏡や光沢のある家具、パソコンのモニターに映り込んだ照明の光なども要因になります。

グレアを感じると不快で、ものが見にくくなるだけではなく、眼精疲労や視力の低下を招きます。そして、肩こりや頭痛、首の痛みを誘発する要因にも。

しかし、100ワットの裸電球は暗闇ではまぶしくても、日中の明るい場所で見るとそれほどまぶしさを感じないように、同じ輝度でも発光面が小さかったり、明るさに目が順応していたりすると、グレアは緩和されます。暗い室内でも布製のシェードでおおわれた照明の光が目にやさしく落ち着いた印象を醸し出すように、光をグレアにするか、心地良い間接光にするかは使い方次第です。

パソコンで知る、グレアとノングレア

パソコンなどの液晶モニターには、グレアとノングレアという2種類があります。グレアとは、ピカピカとした光沢のあるモニターのこと。鮮やかな色やコントラストに優れるとされる半面、つやのある面に自分の姿や背景、窓からの光や照明などが映り込むため、長時間の使用で目が疲れやすいのがデメリットです。

一方のノングレアモニターは光沢のないつや消しタイプで、コントラストはグレアに比べてやや劣るといわれますが、光の反射を抑える特徴があるため、自分の顔や室内などの映り込みを防ぎ、長時間、画面を見ていても目が疲れにくいというメリットがあります。刺激抑制という面からいうと、モニターは、ノングレアタイプが良いといえます。

手持ちのモニターがグレアタイプだったり、映り込みが気になるという場合は、映り込み防止のフィルターを画面に貼ったり、モニターや照明の位置を変えてみましょう。

また、グレア予防には外部の光を調整することも大切です。

あるオフィスでは、感染予防のための飛沫防止パネルから、グレアが発生している事例がありました。屋外の車や人の往来による光のチラツキが窓から侵入し、パネルに反射していたようです。

日中であれば、レースカーテンを閉めて外からの光を減らせば、反射や映り込みは減るでしょう。ただし、外の光には時間を身体で感じるなど、生活リズムを整える役割もあるため、厚手カーテンを閉めっぱなしというのは「アクティブ・ケア」の観点からは、あまりおすすめはできません。もし今のテレワーク環境に、遮光性（※）が高いカーテンがついている場合には、日中の使い方に注意が必要です。

外部の光を適度に取り入れ、グレアをコントロールするには、薄手の麻やレースのカーテン、もしくはブラインドの羽根の角度調整を行ってみてはいかがでしょう（カーテンについては後程で詳しくご紹介します）。

※遮光性とは？

入射する光を、どのぐらい遮断するかを遮光率（%）で表したもので、光を遮って暗くするためのカーテンを「遮光カーテン」と呼びます。遮光カーテンには等級があり、遮光1級とは、遮光率99・99%以上のカーテンを指し、外からの光をほとんど通しません。等級は遮光率により、2級、3級もあります。

（引用）

一般社団法人日本インテリア協会　機能性表示マーク

面を照らせば、明るさ感アップ

間接照明が人にやさしい、ということはお伝えしてきましたが、ときどきこんなご質問をいただくことがあります。

「間接照明にすると暗くありませんか？」

照明器具が直接見えるほうが、明るく感じられるような印象からだと思います。お答えからいうと、間接照明にしたからといって暗くなることはありません。もちろん、使用する器具の明るさによっても差は生じますし、どの面を照らすかによっても違いがあります。ただ、これまで紹介した「天井に一切照明をつけない家」のように、リビング天井面、全体を照らすような間接照明は「明るさ感」がかなり感じられる手法です。

住まいの照明を計画するとき、一般的には畳数表示やルーメン値（LED電球の明るさの指標）の目安から、照明器具の照度がその場所の広さや使用目的に対して十分かど

うか、が焦点になることが多くあります。また、好みの照明器具を選びたい、というデザイン性重視の選択もあると思います。

しかし、実際に抑えたいポイントは「明るさ感」なのです。

明るさ感とは、空間が明るく感じられるか、という感覚のこと。

もう少し詳しく書くと、その部屋の壁や天井、床に反射した光の強さやコントラストなどから、空間全体に対して感じる「明るさの印象」を表す指標です。これはルクスとは別ものです。なぜなら、印象として「明るい」、「暗い」と感じるのは、壁面や天井の明るさ、仕上げの色の影響も大きく、ルクスだけで一概に明るさ感を測ることはできないからです。

明るさ感を出すには、壁や天井など「面」を明るくするのが有効です。スタンドライトやしのばせ照明なども含め、照明の光を室内の「面」に反射させて、その照り返しで空間に光を回すのです。

また、ときにはダウンライトの数が十分あるのに暗く感じる、というお言葉を聞くこともあります。ダウンライトは天井に埋め込まれているため、光は直下に注がれます。

図表 4-4 「明るさ感」の違い

下方向のみを照らした場合

全方向を照らした場合

（画像協力：大光電機株式会社）

つまり天井面には光は回らず影になるため、明るさ感を感じにくいのです。

直下に光が注がれる場合は、床が「面」の役割を果たします。同じダウンライトを使っても、床がダーク系か白系かによって「明るさ感」は異なって感じられます。

間接照明を上手に取り入れるためには、照明器具の機能だけでなく、光を受ける「面」との組み合わせも考慮しましょう。

これも、空間の完成度を高めるための「調整力」のひとつです。

光は色ムラに注意！

光は色（色温度）が選べるとお話ししましたが、ひとつの空間に白色系とオレンジ系の光が混在すると、落ち着かない雰囲気になってしまいます。実はこれは光の色差がもたらす「刺激」です。第2章でご紹介した片頭痛ケアのための看護師寮の例では、一般的には白っぽい光が設置されることの多い洗面室、キッチンの照明を電球色に入れ替えてもらいました。同一空間では色差による光のムラをなくし、刺激の少ないオレンジ系の光でまとめたいという、光過敏への配慮です。

テレワーク環境に、光の色が混在していませんか？

もしこれから、光過敏へ配慮した住まいを計画する場合には、照明は光のムラをなくし、色はオレンジ系でまとめてみてください。

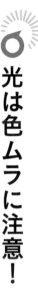

その際、一般的な光の色選びの基準は気にしないでください。

例えば、キッチンの光は白という考え。光過敏の視点では白ではなく、電球色をおす

すめします。吊戸棚の棚下灯も同様です。

私は「アクティブ・ケア」による初めてのモデルルームのキッチンに、調光付きの電球色ダウンライトを計画しました。一般的にキッチン照明はオンオフのみ。しかも電球色ではなく白っぽい光が設置されます。しかしそのころ、片頭痛に悩むある女性からこんなことを聞いたのです。

「頭痛の痛みがつらいとき、それでもキッチンに立たなければならないときに、私はレンジフードの豆球の明かりだけで調理をするんです。キッチンの照明は明るすぎるから、そのほうが楽なんです」。

確かに、それまでキッチンに調光機能が使われることはありませんでした。どちらかというと一定の明るさを確保するほうが重要視されていたからです。

でも使い手の目線で考えると、技術的にも設置可能な調光付きダウンライトがあってもおかしくないと感じました。

つらいときには、自分にちょうどよい明るさに調節できる機能があれば、きっと頭痛も楽になる、住まいからセルフケアできる環境をつくれる、と考えたからです。

住まいは自分自身や家族が、楽に過ごせることが一番です。世の中の常識や他の人がどうか、といった他者の視点より、自分自身に住まいをフィットさせることを大事にしてください。

そうすると、おのずとほかの家とは違う答えが必要なこともあるのです。

キッチンもそうですが、照明にはオン・オフだけでなく、「調光機能」を取り入れることをぜひおすすめします。これはＬＥＤの普及によって、とても身近になった機能といえます。試しに調光で明るさを落としてみると、それまで当たり前だった明るさが不要に思えるかもしれません。特に光過敏の方には、やや暗めの設定が好ましく、身体が喜ぶ、程良い明るさ、光によるセルフケア環境を実現します。

そして、読書など、もう少し明るさが欲しいときにはタスクライト（※）を使って手元の明るさを確保すれば良いのです。たとえ書斎や勉強部屋であっても、部屋の隅々まで白っぽい光で明るくする必要はありません。必要最低限の光環境をつくり、さらに調光を取り入れることで、光熱費も節約でき、身近なエコにもつながります。

※タスクライト
デスクスタンド、卓上スタンドとも呼ばれ、部屋全体の照明のほかに作業する人にとって必要な明るさが届くように使われる補助的な照明のこと

ちなみに、同じ機種であれば、光の色を選んでもコストは変わりません。調光機能もさほど大きなコストアップにはなりません。ただ、色のムラをなくすことと、調光機能があることは、光環境に大きな差をもたらすことは確かです。

光環境にこだわることは、コスト以上にメリットが大きいのです。

明るさ感を決めるのは、反射率

先程ご紹介した「明るさ感」の話をもう少し続けましょう。同じ照明でも、内装の色によって明るさ感が変わるのは、反射率によるものです。例えば、白い内装と黒い内装の部屋を比較した場合、反射率は約16倍の差があります。間接照明を計画し、効率よく反射させるためには、反射率の高い白系の内装材を選ぶことが一般的です。例えば、照明環境を変えず、室内を明るくしたい場合には、反射率の高い色をより多い面積、壁や床などに取り入れます。大がかりなリフォームではなくても、カーテンの色を明るくしたり、ソファに明るい色のカバーをかけたりなど、手軽な方法でもOKです。

また、「ダーク系の内装材や家具が好みだけれど、明るさ感は欲しい」という場合は、その他の場所に、照明と内装で明るさ感をつくる方法があります。空間は床・壁・天井など複数の面で囲まれています。たとえ一面がダーク色であっても明るさ感を別の場所でつくることで、空間全体を明るい印象にまとめることができるのです。

図表4-5　内装色による「反射率」の違い

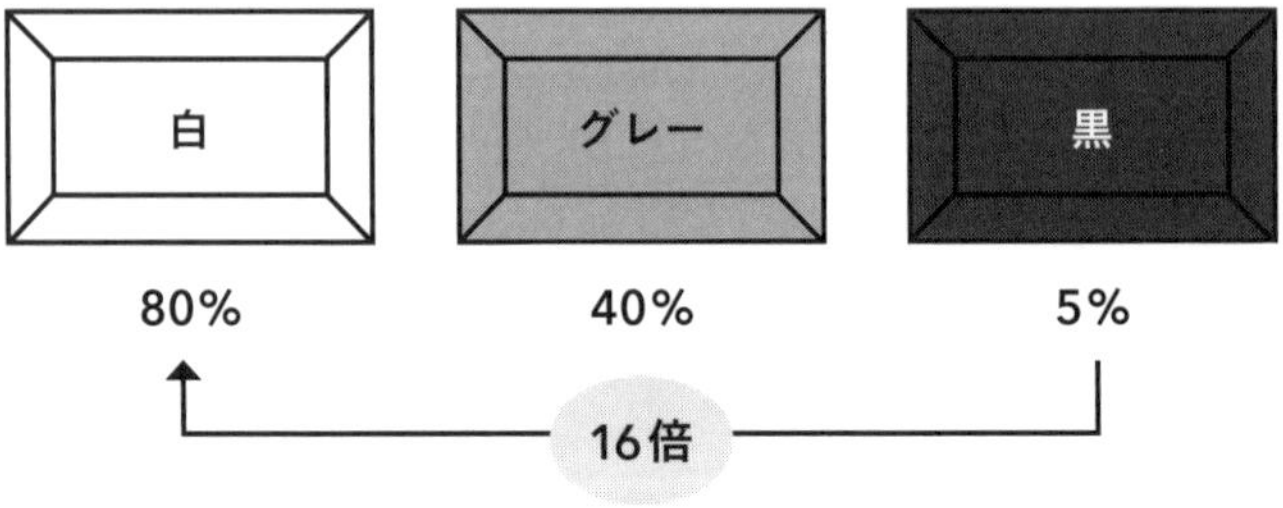

　実は、この手法を積極的に取り入れているのが、モデルルームです。空間をより広く、魅力的に魅せるため、光反射を多用しています。壁や天井を間接照明で照らす、きらめく素材を取り入れたり、ミラーの映り込みを利用するなど、反射のお手本で溢れています。魅せる、という視点ではこのモデルルームの手法を理解し、自分としてどのような明るさ感が欲しいのかを考えておくとよいでしょう。

　対して、私が以前手がけた「アクティブ・ケア」をコンセプトにしたマンションのモデルルームでは、従来と真逆の発想を取り入れました。つまり、徹底的に光を反射するものを排除し、刺激的なカラーもなくしたのです。具体的には、壁紙は定番の白ではなく、表面にシワ感があるベージュ系のものを採用。カーテンでも反射を極力抑える点から、ラメが使われていない生地を選ぶ、という具合です。さらにい

うと、ソファの脚部も鏡面仕上げからマット仕様に変更しました。

空間は、ひとつひとつのインテリアが組み合わさることで構成されています。

つまり、「アクティブ・ケア」も、照明だけでなく、さまざまな要素に配慮することで健康へのメリットがより一層高まるといえるのです。


片頭痛や光過敏がある方は、白を刺激としてつらく感じやすい傾向にあるため、まぶしすぎる白やピカピカした鏡面仕上げの内装は避けたいもの。反射率の高い内装材は、光を人に跳ね返す「反射板」になるからです。もし、今のインテリアに「反射板」が多いようなら、白壁に大きめのアートを飾ったり、鏡をタペストリーに変えたりして、光反射を和らげる工夫をしてみる方法もよいと思います。

TV番組で片頭痛ケアの模様替えをご紹介したときは、壁面にタペストリー代わりの布をピンで留めました。白壁を少しでも減らすということが目的のため、素材はリネン、電球色と相性のよい金茶色を選びました。

とても手軽な方法ですが、これなら賃貸住宅でも取り入れていただけるのではないでしょうか。

明るさ感を高めたい場合も、抑えたい場合も、内装材や家具単体の色で判断せず、空間全体の照明とのコーディネートで捉えることが大切です。照明を上手に活用すれば、ダーク系の落ち着いたカラーも含め、インテリアの選択肢も広がります。

睡眠には光が重要

効率のよい仕事環境を考える上で不可欠なのが、安眠できる寝室づくりです。

あなたは、毎晩ぐっすり眠れていますか？

数年前から聞くようになった「睡眠負債」という言葉。さまざまなメディアで取り上げられてから、眠ることへの関心が一層高まったのではないでしょうか。

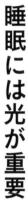

わずかな睡眠不足が積み重なり、知らないうちに命に関わる病気のリスクが高まったり、仕事のパフォーマンスが大幅に低下したり……。そんな睡眠負債が、日本人の、特に働き盛りの人々に蓄積していて、経済的な損失に換算すると年間約15兆円もの損失に及ぶといわれています。

この話を聞き、睡眠負債を解消するカギはインテリアのなかにもある、と確信しました。日々の睡眠の質を上げ、蓄積した睡眠不足にならないためには、質の高い「睡眠環

境」を整えることが必須。そうなると、おのずとより良い眠りのための寝室をつくることが求められます。

睡眠の質を高めるには、「サーカディアンリズム（体内時計）」を整えることが大切です。サーカディアンリズムとは、日本語では「概日リズム」といい、一定の周期で変動する生理現象で、動物をはじめ、植物、菌類、藻類など、ほとんどの生物に備わっています。

このリズムが何らかの影響で狂うと、寝付きが悪くなり、朝になっても疲れがとれず、日中の活動への支障になったり、病気を引き起こす原因になったりするといわれています。サーカディアンリズムを正常に保つために重要な役割を果たすのが、光の存在です。

概日リズムは約25時間周期。一日24時間との1時間の「ズレ」が生じています。これを調整する同調因子として、食事や運動が挙げられますが、そのなかで最も影響力のある因子が「光」なのです。

時差ボケの解消に光をしっかり浴びることが良いとされるのも、体のリズムに光が大きく影響している証拠です。

安眠環境を考えるとき、寝具やベッドなど直接的に眠りに関わるアイテムに意識が向

きがちですが、実は、日中の起きている間に光をしっかり浴びるかどうかが睡眠の質を左右します。

いうなれば、「おはよう！」の瞬間から、睡眠への誘いは始まっているのです。

なぜなら、日中にしっかり光を浴びることでセロトニンという神経伝達物質が活性化し、夜になるにつれて、徐々に睡眠を促すメラトニンが分泌され、睡眠へのスイッチがスムーズに入るとされているからです。

（引用）
Hafner, Marco, et al. "Why sleep matters—the economic costs of insufficient sleep: a cross-country comparative analysis. Santa Monica, CA: RAND Corporation; 2016." (2016).

サーカディアンリズムで一日の生活にメリハリを

では、室内で終日過ごすときに、朝日〜太陽光〜夕日という自然の光環境をつくるにはどうすればよいのでしょうか。

私は、自然光の変化を照明やカーテンの開閉などでサポートすることをおすすめします。

具体的にご紹介しましょう。

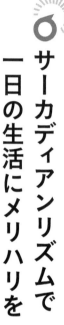

■朝から昼にかけて

良質な睡眠のために日中浴びたい光は、白色系の明るい光です。

まずはカーテンを開けて、室内に自然光をたっぷり取り入れましょう。ブラインドの場合はスラット（羽根）を調整し、室内にできるだけ光を取り入れ、室内でも明るさを

確保するようにしてください。

もし、部屋の向きなどによって自然光だけでは足りない場合、調光調色付きLEDシーリングライトなら、光の色を白色に切り替え、明るめの設定で使うとよいでしょう。

■夕方から眠るまで

夕方からの照明には、白色系の光ではなく、オレンジ系の電球色を活用します。温かみのあるオレンジ系の光は、良質な眠りに必要なメラトニンの分泌を抑制しにくい光です。反対に白色系の光や強い光は、人間の脳を覚醒させる作用があり、やすらぎの光には不向きです。例えば、リビングで読書をするとき、手元に必要な明るさはスタンドライトなどで補い、部屋全体はやや暗いかなと感じる程度に照明を調節し、やさしい光環境にしてみてください。

また、ベッドルームの照明にはいくつかのバリエーションを設け、それぞれに調光機能をつけて、シーンに合わせて光を調整できるようにしておくのがおすすめです（調光機能がない場合は、一部を消灯する方法でもOK）。「しのばせテクニック」のように、ベッドヘッドの背後に電球色のライトを仕込んでおくのもよいでしょう。

睡眠のための照明の使い方で最も大切なことは、就寝前の明るさと色温度設定への配慮です。具体的には、低照度、低色温度（オレンジ系）の光です。就寝の1時間前くら

いには、天井の明るい照明を消し、フットライトやスタンドライトのみを灯し、落ち着いた明かりのなかでゆったりとした時間を過ごしましょう。

仕事が立て込むと眠る直前まで白く明るい照明のなかで過ごす方も少なくありませんが、睡眠の質を高めるなら、特に寝室の照明環境を変えてみましょう。

例えば、ホテルの部屋は、天井に照明が少なく、スタンドや壁付けのブラケットなどの間接照明で、明るさがコントロールできるようになっています。ホテルの部屋は、眠ることを目的につくられた、睡眠環境のお手本となる空間です。

さらに、スマートフォンやタブレットのブルーライトも就寝前には避けたいところ。今やスマートフォンは生活になくてはならない存在ですが、睡眠の質を高めるためには、極力就寝前の使用は控えましょう。

これらは、昼と夜、時間帯別に照明の色と照度を使い分け、生活環境から睡眠をサポートする方法です。

これまでの照明は明るさや見た目を優先して選んできたかもしれません。けれど、「アクティブ・ケア」では、生活環境からの新しい健康管理のアプローチとして、インテ

図表4-6　サーカディアンリズムと光の関係

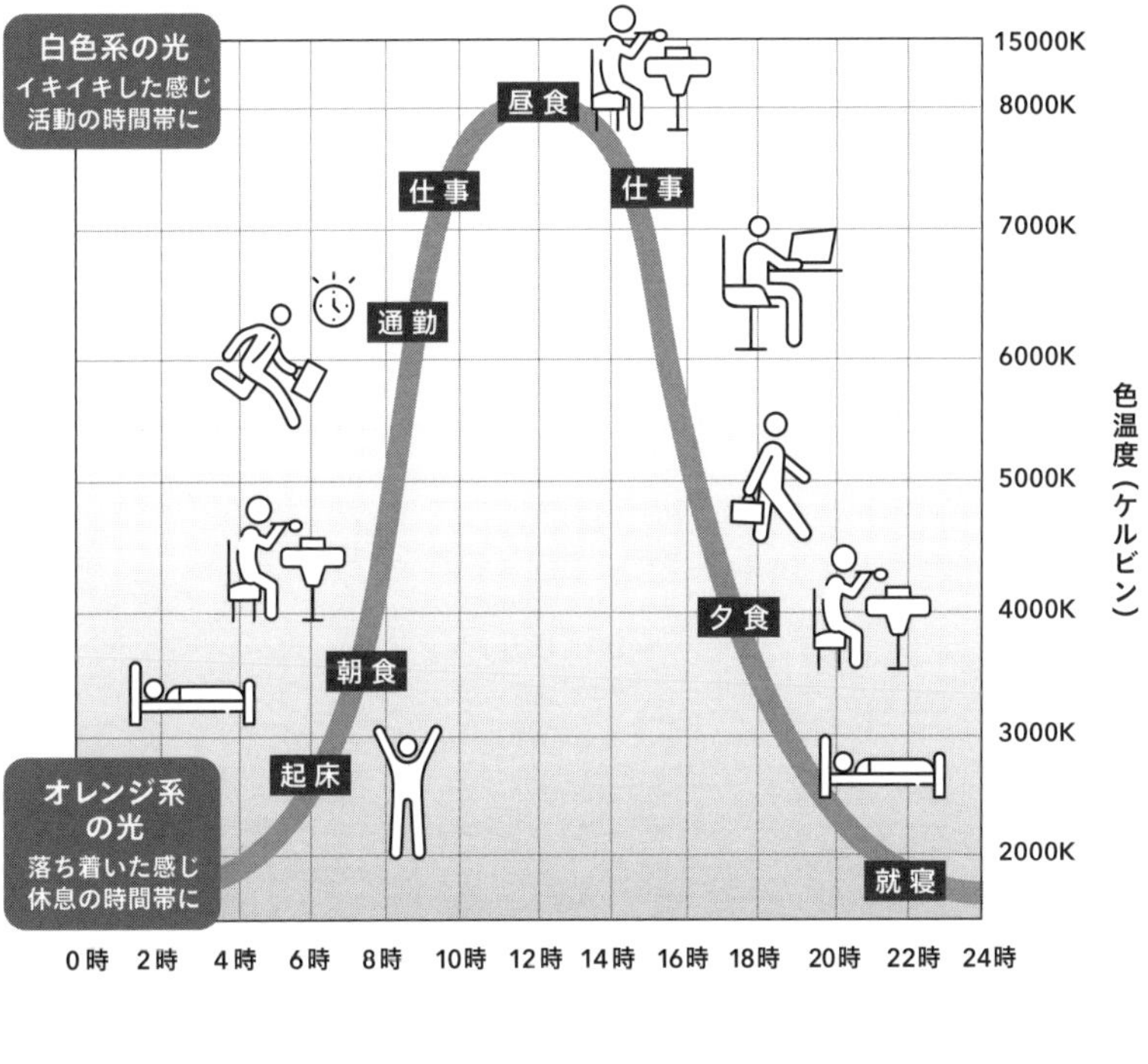

リアを計画します。今までと違った視点で見ると、インテリアを健康に役立てる方法はいろいろあるのです。

光で心身を整える「4・4・2」の法則

夜間に携帯に熱中し、睡眠確保の妨げになっている人が増えている、という厚労省の調査報告があります。それによると、睡眠の質が下がっていることから、週3日以上、日中に眠気を感じている人は男女ともに3割強。20代女性では、なんと回答者の約半数が眠気を感じているのだそうです。

睡眠は、食事や運動とともに健康の3大要素のひとつです。ご存じの通り、免疫力アップにも欠かせない睡眠によって、私たちの心身の健康は維持されています。にもかかわらず、日本人は世界的に見て〝寝ていない〟国民です。睡眠時間に関する統計調査によると、韓国に次いで2番目に短いこともわかっており、日本は睡眠不足の国となっています。

起きてはいても、実は起きていない――。働き方改革で問われる「生産性の向上」にも直結する課題として、とても心配な状況だと思います。

良い睡眠には、光の浴び方が深く関わっています。

では、どんなバランスで光と付き合うとよいのでしょうか。

イメージしやすいのは、数字を使う方法です。

朝、昼、夜に浴びる光の量は、「4・4・2」のバランスを心がけてみましょう。

つまり、朝と昼はカーテンを開けて日差しを室内に取り入れてアクティブに。特に、朝起きたときに日光を浴びるのは、「睡眠と覚醒」のリズムを整える最も簡単で有効な方法。できるだけ同じ時刻に起床し、朝の光を全身で受け止めましょう。

そして日中、テレワーク中にはカーテン越しに自然光を取り入れ、できれば気分転換の散歩もおすすめです。座りっぱなしを防ぎ、軽い運動にもなるのでリフレッシュになるとともに、日光をしっかり浴びることができる方法です。通勤があると、気づかないうちに日光を浴びる行動をしていますが、テレワークでは意識しないと日光に浴びる機会が減ってしまいます。カーテンで調整することもできますが、日光の入らない環境で終日過ごすことは、光との付き合い方として心配です。日中は「4」の目安を意識してください。

そして、仕事が終わると、夜は一変して雰囲気の良いホテルのラウンジやバーのよう

なオレンジ系のキャンドルの光を思わせるほのかな明かりのもとでゆったりと過ごしましょう。夜は「2」というイメージで、光の明るさをグッと抑えるのです。光を変えると部屋の印象も変わります。光が与える心理面への影響によって、オン・オフのメリハリもつくれるといいですね。

まずは、「4・4・2」という目安で、一日の光の量をイメージしてみてください。光の量は、浴びる時間にも比例するので、早寝早起きの方なら「5・4・1」でも良いかもしれません。

質の高い睡眠は、光から。
終日、白く明るい照明を夜遅くまで点けて過ごしている方は、ぜひ試しに今日から光環境を変えてみてください。もしかしたら、リモコンひとつで今ご紹介した方法が取り入れられるかもしれません。

行動が変われば、「カラダもココロ」も変わります。

「光で整う」ことは、意外に簡単です。基本は、太陽光の活用と照明のオン・オフ程度。

手間もかからず、空間が快適になる上に、見た目も素敵になるおすすめの方法です。

（引用）
厚生労働省．令和元年国民健康・栄養調査結果の概要．２０２０年
厚生労働省．平成26年厚生労働白書～健康・予防元年．２０１４年

column

光は肥満にも関係する!?

シニア層を対象としたある研究では、夜、照度3ルクス以上の光を浴びながら眠ると、肥満になりやすいという結果が報告されています。一般的に豆電球の明るさが約9ルクス。3ルクス未満はほぼ真っ暗の状態です。夜は、わずかな光からも影響を受ける可能性があるようです。習慣的に照明の明かりを点けたまま寝ているという方。明るいままうっかり寝てしまったという方も、今夜から照明を消してみてはいかがでしょう。エアコンや加湿器などの運転ランプが気になるときは、マスキングテープなどを貼って隠す方法も良いでしょう。

ダイエットでなかなか結果が出ない！　という方は、食事や運動だけでなく、夜眠るときの「光」を変えてみるとよいかもしれません。

さらに、睡眠導入に関する研究では、夜間に「光」を浴びることで寝つきの時間が遅くなるという結果も出ています。質もさることながら、寝つきの良し悪しを左右するのも、「光」とのつきあい方にあることを、ぜひ知っていただきたいと思います。

私たちは、人生の約3分の1の時間を睡眠にあてています。心身にさまざまな影響をもたらす眠りには、時間とともに、「光」とのつきあい方も大切です。

そう考えると、寝室だけではなく、玄関、廊下、リビング、ダイニング、そして夜間に利用するトイレから通路となる廊下まで・・・全ての生活環境で「光」への配慮が必要だと言えます。

「光」を変えることによる健康へのメリットは、たくさんあるのです。

(引用)
Obayashi, Kenji, et al. "Exposure to light at night, nocturnal urinary melatonin excretion, and obesity/dyslipidemia in the elderly: a cross-sectional analysis of the HEIJO-KYO study." The Journal of Clinical Endocrinology & Metabolism 98.1 (2013): 337-344.

Obayashi, Kenji, et al. "Effect of exposure to evening light on sleep initiation in the elderly: a longitudinal analysis for repeated measurements in home settings." Chronobiology International 31.4 (2014): 461-467.

カーテンは優れもの

光とひと言でいっても、照明の光もあれば、窓から差し込む自然光もあります。このうち、自然光をコントロールするものにカーテンがあります。

窓からの光や視線を遮るアイテムには、カーテン以外にロールスクリーンやブラインドなどがありますが、ファブリックであるカーテンは生地やヒダの取り方、生地と生地の合わせ方などで無限大のアレンジが楽しめます。同時に、暮らしの機能面で重要な役割を担っているのも特徴です。

まず、遮光性の高いカーテンなら、窓の向きや部屋の用途に合わせて外部からの光をコントロールする「調光・遮光性」があります。また、ミラーカーテンなら外部からの視線を遮る「プライバシー保護効果」が、遮熱カーテンなら室内の温かさ、冷気を逃がさないようにする「断熱・保温効果」が、そしてベルベットのような厚地のタイプなら音漏れや外部からの音の侵入を防ぎ、音を吸収し反響を軽減する「遮音・吸音効果」が期待できます。

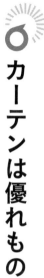

その他に、カーテンの用途としては、空間と空間を仕切る「間仕切り」として活用する場合もあり、インテリアのなかでも多機能性を有する優れものなのです。

「アクティブ・ケア」の視点では、音過敏のある方には、厚地カーテンによる吸音効果が役立つ機能となります。また、テレワーク環境の室内温度は17〜28℃と厚労省のガイドラインでも示されていますが、日差しの強い夏場は特に光熱費も気になるところです。ここでは、遮熱カーテンの機能も役立つでしょう。

また窓の性能も室内の温熱環境を大きく左右する要因です。建物の築年数によって窓の性能が異なるため、私がテレワーク環境のカウンセリング時に、「築年数」を事前にお聞きしているのはそのためです。

築年数が古い建物ほど外気からの影響が大きいため、カーテンが役立つ場面も多いでしょう。

寒さが厳しい戸建て住宅なら、厚地のドレープカーテンで窓を大きく覆うと保温性が高まります。その際、たっぷりとヒダをとると窓ガラスと室内の間に空気層ができ、冷気の侵入を防ぐとともに、室内の温度を逃がさないため、省エネにも貢献します。

もちろん、カーテンは空間をまとめるという点でも役立ちます。

リビングとダイニングキッチンの2室を1室にした戸建てリフォームでは、外壁工事を伴う窓まではリフォームできなかったため、本来なら高さ、幅違いで統一感のなかったふたつの窓を、カーテンによって違和感なくまとめました。このとき、個々の窓サイズにカーテンを合わせるのではなく、どちらも天井高に合わせてカーテンを設置したことで、リフォームで手がまわらなかった不統一というデメリットを見事にカバーすることができたのです。完成後の部屋を見ても窓が不揃いとは誰もが気づかない、スッキリとした仕上がりでした。

このように、カーテンは、空間を華やかに彩りつつ、生活を支える道具のひとつです。また、空間のなかで大きな面積を占めるため、室内の温熱環境にも影響を与えます。寒さが厳しい戸建て住宅なら、厚手のドレープカーテンを。窓からの光を取り入れつつ、視線を防ぎたいなら、閉鎖的にならない透け感のあるタイプを。デザインも重要ですが、まずはその前に、部屋に必要な機能をチェックしてみてください。住まいの方角、窓の大きさと日差しの入り方、部屋の用途などを考慮して、役割に適した生地選びの視点をもちましょう。

図表 4-7　間仕切りカーテンの事例

フラット仕上げのレースカーテンで
適度に視線を遮る

事例紹介

テレワーク環境をカーテンでつくる

カーテンが使えるのは窓だけではありません。カーテンレールを室内の好きな場所に取り付けることで、仕切りとしてカーテンを利用する方法があります。

ダイニングとリビングルームの間、部屋の中央に作業用カウンターを設置した、Aさん宅では、カウンターとダイニングキッチンをカーテンで仕切りました。

気配は感じつつ、視線が合わない程度の緩やかな間仕切りには、カーテンが役立ちます。縫製はフラット仕上げ（生地使用をレールの1・3倍程度）にすると、生地がもたつくことなく、スッキリ収まります。また、ドレープとレースの間ぐ

らいの透け感の生地を選ぶと、厚みも薄く、室内に圧迫感を与えません。

カーテンレールは、直線以外に自由自在にカーブできるものもあり、部屋のワンコーナーを必要に応じ、自由な形にカーテンで仕切ることもできます。

カーテンレールの設置工事は必要ですが、壁や扉をつくるほど大がかりにはなりません。個室を確保したいと、リフォームで小部屋をつくる方法もありますが、リビングなどの一角をカーテンで仕切ることで、スペースを確保するのも一案です。

5章

光以外でも！
テレワーク空間の
インテリア方程式

住まいの役割

2020年はさまざまな価値観が大きく変化するきっかけとなる年でした。
今までの当たり前がそうではなくなり、価値あるものだと考えられていたことが、今となっては昔の話になっています。ここにきて改めて自分にとって優先順位の高いものは何なのか、考えた方は多いことでしょう。

住まいに対する価値観も大きく変わりました。コロナ禍において、家は帰って寝るだけ、とはいかなくなったのです。外出自粛やテレワークが推奨されるなか、最も長い時間を過ごす場所が、家になりました。日当たりも、広さも、家具も、照明も――。つきあう時間が短いときはさほど気にならなかったことも、終日となると話は別です。特にテレワークにとって環境の準備不足は、心身への不調となってさまざまな影響をもたらしたことでしょう。

家は、人の健康を支える土台です。

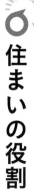

オンとオフ、暮らしの全てを支えることが、これからの住まいの役割です。

「ガーデニング成功の秘訣は何より『良い土』を選ぶこと」とは、あるガーデナーの言葉です。さらに「土選びのとき、決してケチらないことがコツ！」としきりに強調されていました。価格優先で選んだ土は、養分も不足し枯れやすいので、土選びにはこだわってほしいという理由からです。

家もガーデニングと同じではないでしょうか。

毎日の健康を支える土（土台）は「住環境」であり、その土台がしっかり整っていないとカラダもココロも落ち着いて根を張ることができません。価値観の変化は、私たちに住まいの役割の本質を教える役割も担っているのだと感じます。

この章では、住まいを健康に役立てるために知っておきたい知識をご紹介します。

NEAT（非運動性熱産生）を増やそう

私は昨年、東京から鎌倉への引っ越しを機に、家族と一緒にウォーキングをする機会が増えました。路地に一歩入ると、小川のせせらぎと出会ったり、意外なお店を発見したり。ただ歩くことで、いつもと違う街の顔が見え、運動が楽しい習慣として定着しています。

しかし、かくいう私も、コロナ以前は運動する習慣をなかなかつくれずにいました。仕事や家事、育児に追われる現役世代には、そういう方は決して少なくありません。実際、厚生労働省の「令和元年国民健康・栄養調査」によると、20歳以上で運動習慣のある割合は男性で33・4％、女性で25・1％、年齢別にみると男性では40歳代、女性では30歳代が最も低く、それぞれ18・5％、9・4％という結果になっています。しかも、この10年間でみると、男性では有意な増減はなく、女性では有意に減少傾向にあるというから気がかりです。

定期的な運動は、内臓脂肪を減少させて基礎代謝を増加させることから、食事に配慮

しながら適度な運動を続けることで肥満を解消する効果があるといわれています。そして、それが生活習慣病の予防や改善につながり、1回30分、週2回（合計週1時間）の運動習慣がある人は、運動習慣のない人に比べて生活習慣病の発症や死亡のリスクが低いことが報告されています。さらに運動をすることで、気分転換やストレス解消効果も期待できます。

■NEATとは？

そこで、今、メタボ対策のひとつとして注目されているのがNEAT《ニート》（Non-Exercise Activity Thermogenesisの略）。日本では「非運動性熱産生」とも呼ばれています。

そもそも身体活動によるエネルギー消費には、ウォーキングや水泳といった意識的に行う運動によるものの他、家事や通勤など日常生活のなかで無意識に消費されるものがあります。このうちNEATは後者、つまり運動以外の身体活動で消費されるエネルギーのことを指します。運動以外の生活活動なので、料理や買い物、ゴミ出しなどの家事をはじめ、子どもと遊んだり、ペットの世話をしたり、通勤や通学のための歩行や階段昇降なども、全てNEATの範疇です。

NEATは、いくつかの研究で肥満と関連することがわかっています。

肥満の人とそうでない人の生活スタイルを比べたところ、肥満の人はそうでない人に

比べて「立位」による活動時間が約150分も少ないことが報告されているのです（そして、それはショートケーキ1個分の約350kcalに相当するのだとか！）。つまり、日常生活のなかで立位による活動時間を増やすことで、生活習慣病の元ともいえる肥満の予防につながる可能性がある、ということです。

■NEATを高める方法

NEATの割合を高めるには、立位・歩行活動の時間を増やすこと。となると、農作業や重労働など、立って動く仕事に就いている方はNEATの割合がおのずと高くなりますが、デスクワーク中心の人はその割合が低下します。

特にテレワーカーは、こまめに家の掃除をしたり、移動の際はなるべく階段を使ったり、今よりも歩く時間を多くするように心がけてみましょう。個々のエネルギー消費量は少なくても、コツコツ積み重ねていくことでNEATが増え、家のなかにいても意外と多くのエネルギーを消費することができます。

ちなみに、NEATを高めるには、次のようなことに注意するのが良いそうです。

家では

・ごろ寝でテレビは見ない
・パソコンに向かうときは常に背筋を伸ばす
・リモートミーティングは立って行う
・家事や歯磨きの際につま先立ちなどを行う
・アイロンは立ってする

移動中は
・電車では空席があっても座らない
・バスや車などを使わず歩く
・エレベーター、エスカレーターの代わりに階段を使う
心がけ次第でできそうなことが多いと思いませんか？

私が行っているテレワーク環境のオンラインカウンセリングでは、まず戸建かマンションかを伺います。戸建でトイレが複数ある場合は、別の階のトイレを使うなど、意識して室内階段の昇り降りを増やすことでＮＥＡＴを高めることをおすすめしています。またマンションでは、ゴミ出しに階段を利用することでＮＥＡＴが高まります。住環境によって消費エネルギーを増やすアイデアはいろいろあるのです。

あるオフィスでは、移転を機に回遊動線のあるレイアウトや立位のミーティングテーブルなど環境を変えることで行動変容を促したそうです（図表5－1）。結果、座りすぎが減り、活動量が増えたことで、心血管・代謝性疾患のリスク因子が改善されたことが報告されました。環境を変えることは、健康に影響をもたらすことが科学的に証明されています。

（引用）
厚生労働省．令和元年国民健康・栄養調査結果の概要．2020年
厚生労働省．e－ヘルスネット．身体活動とエネルギー代謝
Jindo, Takashi, et al. "Impact of Ergonomics on Cardiometabolic Risk in Office Workers: Transition to Activity-Based Working With Height-Adjustable Desk." Journal of Occupational and Environmental Medicine 63.5 (2021): e267-e275.

図表 5-1　行動変容を促したオフィス移転の事例

オフィス移転のポイント　4拠点のオフィスを1拠点に統合！

・昇降デスクの導入　・共有席の増設　・回遊型通路の設置

【移転前のレイアウトの一例】

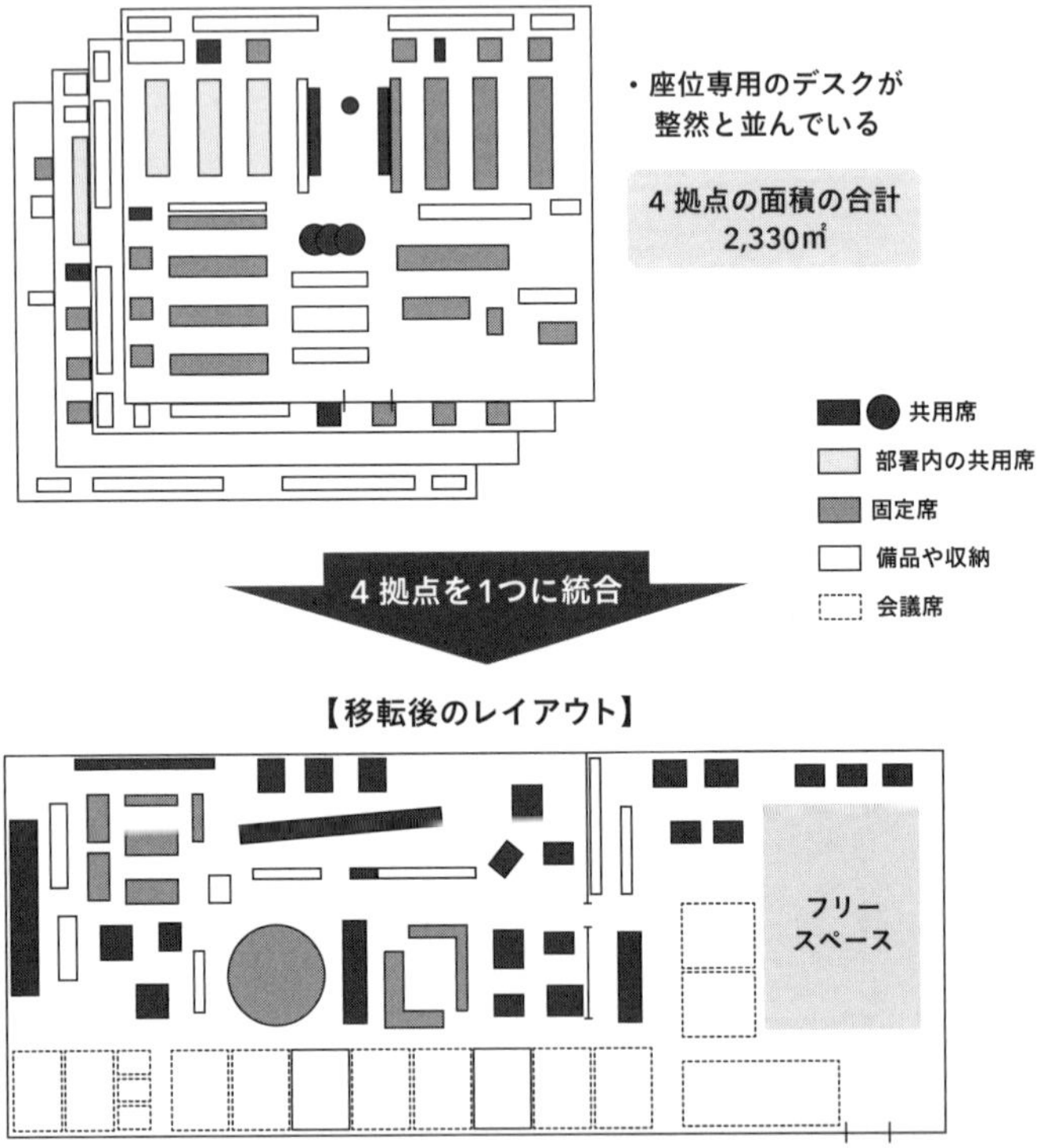

・作業する場所や姿勢を自由に選択できる
・歩きやすい広い回遊型通路がある

移転後のオフィス面積　1,320㎡

オフィスの総面積が縮小され、
従業員数当たりの
デスク数も削減

出典：公益財団法人 明治安田厚生事業団 体力医学研究所，株式会社オカムラ．
「活動的なオフィスへの移転による健診データの維持・改善を確認」．2021年

健康優良物件は「駅遠」「坂道」「階段あり」

一般的に不動産市場で徒歩10分以内の「駅近」立地は人気が高く、それだけでも高値になる要素です。

ただし、この従来の価値をNEATという視点で見直すと、真逆の価値が見えてきます。例えば、最寄り駅から歩いて35分かかる物件。通常、35分かかると電車を降りてからバスに乗り換えて帰宅することになりますが、この距離をバスなどの交通機関を使わずに歩くとすると、仕事や買い物などで駅前まで行くたびに、往復70分のウォーキングタイムが得られます。

ご存じの通り、ウォーキングは酸素を身体に取り入れながら行う有酸素運動で、長く続ければ続けるほど、脂肪をエネルギーとして燃焼しやすくなります。脂肪が減少することで肥満も解消され、さらに代謝がよくなることで血中脂質や血糖値、血圧の状態の改善にも役立ちます。また、老化予防や生活習慣病予防には、1日8000歩の身体運動が良いといわれていますが、駅から35分かかる場所なら、片道で約4000歩、往復なら約8000歩。自宅との行き来だけで必要運動量が確保できてしまいます。なお、

有酸素運動としての効果が得られるのは「早歩き」。私は①大きな歩幅で　②背筋を伸ばして　③肘を曲げて軽く腕を振り　④かかとから着地する　ことを意識してウォーキングをしています。また負担の少ない、スロージョギングもおすすめです。

同じく、不動産的には敬遠されがちな「エレベーターなしの物件」や「坂道の途中にある物件」も、消費エネルギーを高めるためには効果的といえるでしょう。

例えば、階段物件は必然的に下半身強化に役立ちます。実際、「階段を昇り降りするときに使うエネルギーは、スクワットなどのトレーニングをしたときと同じ」なのだそうです。実は、これは数年前から「つくばエクスプレス」が階段利用を促すために駅に張り出したポスターの一文。ポスターのほかに駅の階段にも1段目から最上段まで昇った場合の消費カロリーがプリントして貼られています（1段ごとに0・1カロリーの消費）。さらに「改札階までもう少し」など3段ごとのメッセージにも励まされ、楽しみながら階段を利用できるように工夫されています。確かに、階段を昇る際に使われるのは、主に太腿とふくらはぎの筋肉です。それに加えて、股関節を深く曲げて片脚で踏ん張って身体を持ち上げるときには、大臀筋の力が必要になります。これはまさに、スクワットの動き。スクワットは身体全体をバランスよく鍛えて基礎代謝を上げる効果があり、特に下半身の大きい筋肉に働きかけるので、自然とヒップアップにつながります。

また、骨盤まわりが鍛えられて姿勢が安定することから、猫背を解消する効果も期待できます。

前面道路が坂道という場合も同様です。たとえ緩やかな傾斜の坂道であっても、運動強度は平地の2倍以上。その分、ウォーキングの効果に加え、下半身の筋肉を鍛える運動ができ、基礎代謝量を高める効果も期待できるのです。

いかがですか？　敬遠されがちな「駅遠」「坂道」「階段物件」は、視点を変えれば、十分魅力的な「健康優良物件」といえるのではないでしょうか。

テレワークが増え、新しい生活様式のなかで歩くことが減少しがちな今だからこそ、NEATに着目してみてはいかがでしょう。

移住や引越しを検討されている方も、健康という視点から新たな物件の魅力が見つかるかもしれません。

（引用）
厚生労働省．令和元年国民健康・栄養調査．2020年
厚生労働省．健康づくりのための運動指針
厚生労働省．e-ヘルスネット．身体活動とエネルギー代謝

住まいで運動不足を解消する

立地だけでなく、室内環境もNEATという視点で見ると、価値が違ってきます。
前述のように、日々のエネルギー消費はトレーニングのような運動だけではなく、キッチンでの立ち仕事、料理、室内の階段の昇り降り、何気にちょこちょこ動くことが、肥満予防につながると科学的に証明されています。そのためには、立って動くのが習慣になる環境づくりが大切です。例えば、〝立つことが楽しみになるようなキッチン空間の充実〟を図るのはいかがでしょう。

無意識のうちに立って過ごす習慣を身につけるには、日常生活の行動や居場所を変えてしまうのが一番です。例えば、自宅での定位置がリビングのソファだった方は、居場所をキッチンに変えるだけで、立っている時間は間違いなく増えます。居場所をキッチンにする手っ取り早い方法が、料理づくりを楽しむこと。あえて時間のかかる料理をつくれば、キッチンに滞在する（立つ）時間が長くなるだけでなく、丁寧に調理することによって食事内容も充実し、おうち時間の楽しみも増えることでしょう。この機会に家

族みんなで新しい料理にチャレンジするのもいいですね。食事以外でもパンづくりやお菓子づくりなど、子どもも一緒に楽しめるキッチンの利用法はたくさんあると思います。もちろん調理だけでなく、後片付けも立位時間を増やします。

「キッチンで少しでも長く過ごす」これだけでもNEATを高める行動です。

リフォームを考えるときにも、家族が集う充実したキッチンを計画することは、家族の健康を支える視点（アクティブ・ケア）からみて大切なポイントになります。

また、NEATの視点では、先程ご紹介したように階段の昇り降りも消費エネルギーを高めます。疲れすぎない程度にあえて階段を利用する回数を増やしてみるのも方法のひとつ。つくばエクスプレスの駅を真似て、階段に消費カロリーの数字をシールで貼るのもよいかもしれません。

他にも、家の中に置くごみ箱をひとつにする。モノを運ぶときは2回以上にわけて往復の回数を増やす……等々、一見効率が悪くムダな動きが増えるようですが、NEATを高めるという意味では良い方法ではないでしょうか。

例えば、これまで各部屋にあったごみ箱を1ヵ所にすると、家族それぞれがその場所

に捨てに行くための歩数が生まれると同時に、家中のごみがその場所に集まるのは家事の効率化にもつながります。つまり、家事をする人だけでなく、家族みんなのNEATに役立つというわけです。

立位は健康に良いだけでなく、集中力のアップや作業効率も上がることから海外では人気のワークスタイルになっており、北欧では電動で高さを調節できる上下昇降デスクの採用が企業の主流になってきています。

「立つ」ことの健康へのメリットに着目すると、これからのインテリアやリフォームにもアイデアが広がります。例えば、自動昇降デスクを手に入れれば、落ちついて作業をしたいときは座り、リモート会議など同僚とコミュニケーションを取りながら仕事をしたいときは立ってと、デスクの高さを変えることで気分の切り替えに役立つでしょう。あるいは、通常の仕事机とは別に、室内にハイカウンターを設けてみるのも一案です。〝こうあるべき〟という思い込みを外すことで、今の暮らしのなかに隠れている健康への第一歩が現れます。発想を転換した住環境の工夫こそ、リモートワーク時代の健康管理に役立つ方法といえます。

ONとOFF、どちらも快適な椅子選び

ところで、あなたは今、どのような椅子でテレワークをしていますか？

「テレワーク　椅子」とウェブで検索すると、キャスターや昇降機能付きのオフィスチェアがヒットします。オフィスチェアは、作業に適したさまざまな機能を備えているため、魅力的に見えますね。ただ、現在は仕事専用のスペースではなく、リビングやダイニングを利用して仕事をしている方も多く、特に家族それぞれが同時にテレワークをする際は、たとえ家の中に専用のワークルームがあったとしても、ダイニングの利用率が高まります。

そうした場合、幅も高さもあるオフィスチェアだと圧迫感があり、リラックス空間に馴染みません。また、キャスターがフローリングの床に傷をつけてしまうのでは？　という心配も出てきます。

これからの在宅ワークスペースづくりでは、ダイニング空間と調和し、仕事にも快適な椅子選びがポイントです。

こうした快適な椅子選びは、見た目が良いだけではなく、身体の健康にも良い影響を与えます。

オーストラリアの研究機関が調べたところ、私たち日本人（成人）が平日に座っている時間は、世界20ヵ国中、最も長いという結果になりました。また、座っている時間が長いほど血流や筋肉の代謝が低下することから、重大な病気の引き金や健康リスクの上昇につながるという研究結果も報告され、メンタルヘルスにも影響を与えることがわかっています。さらにテレワーク環境下で心配されるエコノミークラス症候群にも注意が必要です。

テレワークでは、長時間の座りっぱなしを防ぐ意識とともに、身体に負担をかけない椅子を選ぶことが大切です。テレワークの作業がつい長時間になってしまう場合も、姿勢や体勢を変えやすい椅子を選びましょう。

新しく購入する場合は、次の要素を満たした椅子がおすすめです。

・座面が広く、体勢の自由度が高い（あぐらでも座れる余裕がある）
・座面が合板下地でできている（しっかりと身体を支え、へたりにくい）
・アームが短い（キャスターがなくても立ち座りが楽）

図表5-2　ONとOFF、兼用できる椅子選び

テレワーク用の椅子はバリエーションがあるほうがいい

豆知識

短時間の椅子の上での正座は眠気を抑える効果があるという研究も報告されています。背筋がピンと伸びて、テレワーク中のちょっとしたリフレッシュにもなりそうです。

また、このタイミングでダイニングチェアを複数買い換えるなら、「アーム(ひじ置き)あり」と「アームなし」を組み合わせるのも効果的。違うタイプの椅子があれば、例えば仕事中はアームありの椅子に座り、食事のときはアームなしの椅子に座るなど目的によって座る椅子を変えることで体勢も変わり、気分の切り替えに役立ちます。

インテリア空間としてリラックスできる雰囲気を守りつつ、テレワークを快適にするために、道具（椅子）を使い分けてみてはいかがでしょう。

（引用）

Bauman, Adrian, et al. "The descriptive epidemiology of sitting: a 20-country comparison using the International Physical Activity Questionnaire (IPAQ)." American journal of preventive medicine 41.2 (2011): 228-235.

福市彩乃，山本佑実，and 菅村玄二．〝授業場面での正座が眠気，疲労，認知機能に及ぼす効果 あぐらと椅坐位との比較．〟日本教育工学会論文誌（2019）：42153.

机と椅子の正しい関係「差尺《さじゃく》」とは?

私はオンラインで「テレワーク環境改善のカウンセリング」を行っています。そのなかで大切にしているのが、自分の身体に合った椅子と机の選び方、そして調整の方法です。正しい姿勢を保つための椅子選びには、「差尺《さじゃく》」の確認も欠かせません。差尺とは、机の天板の高さと、椅子の座面までの高さの差のこと。

ここでの椅子の座面までの高さは、坐骨のあたる位置（座位基準点）を目安にします。椅子は形状によって、前方に向かってやや高くなっているものが多いのですが、一般的にカタログに記載されているSH（シートハイ）とは、椅子の前方中央の一番高い点を指しています。ポイントは、差尺の目安になるのはSHではなく座位基準点だということです。座位基準点のおおよその位置は、椅子の背と座が交差する位置から、1／3あたりです。クッション性の高い椅子の場合、SHと座位基準点に差があるので、注意が必要です。

差尺が小さすぎる（椅子と机の間が狭い）と、足まわりが窮屈な上に肩から机までの距離が遠くなるため、前かがみになってしまいます。その結果、背中は椅子の背もたれ

図表5-3　家具選びは「差尺」がポイント

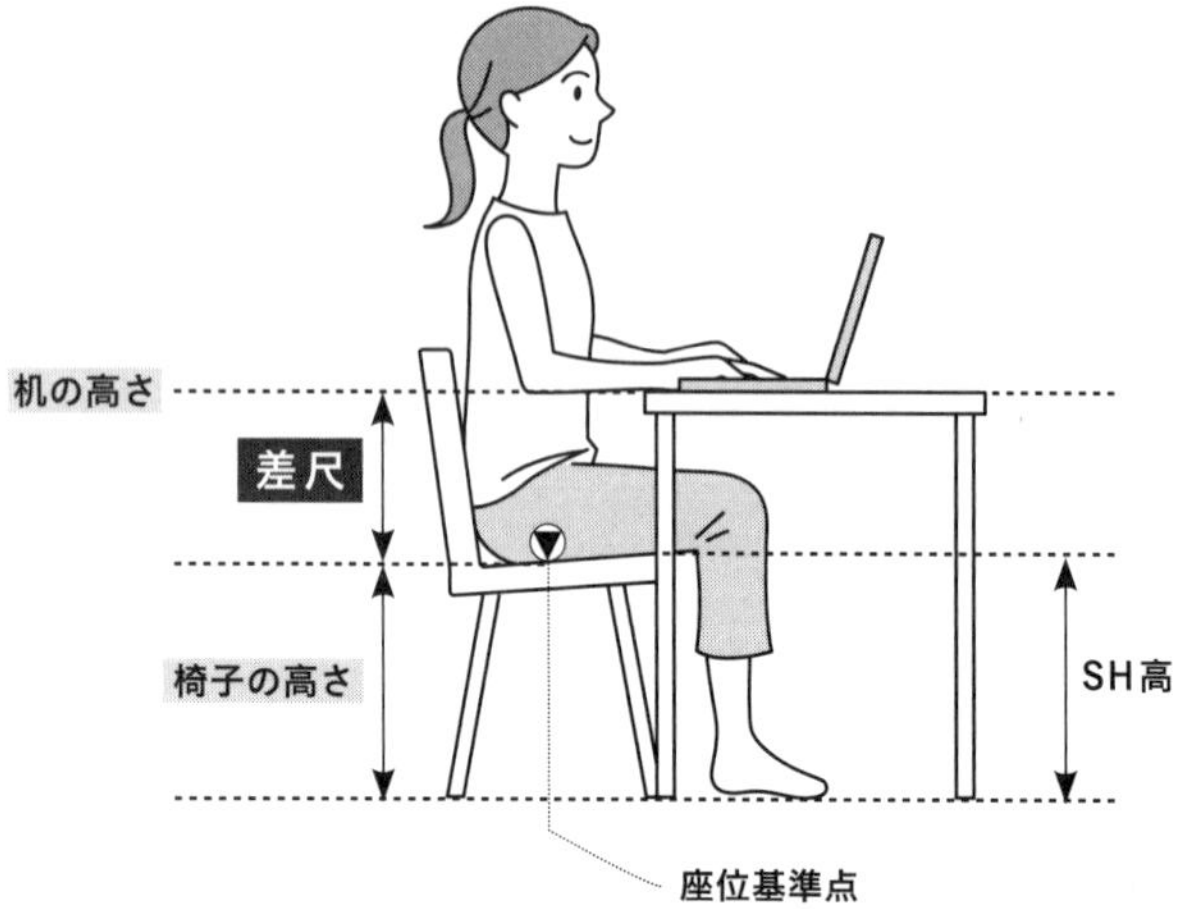

から離れて腰への負担が増し、腰痛の原因に。反対に差尺が大きすぎる（椅子と机の間が離れている）と、肩から机までの距離が近すぎて腕や肩が常に持ち上がったような状態となるため、肩に力が入って肩こりにつながります。

つまり、差尺が合わない机や椅子を使用していると、仕事がしづらく作業効率が低下するばかりか、肩こりや腰痛など、身体への負担も大きくなってしまうのです。

では、デスクワークに最適な差尺とはどのようなものなのでしょうか。パソコン作業などをする際、理想の差尺計算は次の計算式で求められます。

外出先で、机に対して椅子が低すぎたり、

図表5-4　目安となる差尺の計算式

身長（cm）× 0.55 ÷ 3 ＝ ○○（小数点以下は四捨五入）

→ ○○ − 1（cm）＝ 差尺（一般的な数値）

→ ○○ − 2 〜 3（cm）＝ 差尺
（パソコン作業における最適な数値）

※パソコンのタイプ、キーボードの厚み、高さ調整アイテムの使用など個々に誤差があるため、−1〜3cmの間を目安にする。

例 身長170cmの方の場合

170cm × 0.55 ÷ 3 ＝ 31.16 → 31cm

→ 31cm − 2〜3cm ＝ 28〜29cm（目安となる差尺）

逆に、椅子が高すぎて太腿のあたりが窮屈だったりするのも、「差尺」が身体に合っていないことが一因です。新しく家具を購入する際は、ぜひ差尺を確認してみてください。

■差尺を使った家具選びの基本ステップ

①自分に合った椅子を選ぶ
目安：椅子に深く座っても、かかとが浮かない程度の高さ
②差尺を確認する
※図表5−4　計算式を参照
③差尺をもとに、自分に合った高さの机を選ぶ

一方、今使っている家具を仕事に使う場合は、手持ちの椅子や机を差尺に

図表5-5　足台の高さの目安

例 身長150cmの方の場合

150cm × 0.25 ＝ 37.5 → 38cm

→ 50cm － 38 ＝ 12cm（足台の高さの目安）

※椅子の高さ50cmを想定

合わせて調整することが大切です。

ＤＩＹが得意な方は椅子や机の脚をカットして調節することもできるかもしれませんが、４本の脚を同じ長さにカットするのは、それなりの熟練が必要ですね。

自宅で簡単にできる差尺合わせの方法としては、ホームセンターやＥＣサイトなどで取り扱っている「延長脚」を使って高さを変える方法もあります。あるいは、もっと簡単に自分仕様の差尺にするには座布団やクッションを利用するのも手軽でしょう。

また足裏が床に付かない場合も、調整が必要です。特に背が低い方は、これらが疲れの原因となることが多いので要チェック。足がぶらつかず直角になるよう自分に合った高さの足置き台を用意します。

この場合は、身長から下肢の長さを計算し、椅子の座面の高さとの差を求めます。

例えば、身長１５０㎝の方を例に計算すると、図表５－

5の式のようになります。

既製の足台が合わないと困っておられた方に、この方法で高さの目安をお伝えしたところ、ちょうど靴の空き箱の高さがぴったりでした。わざわざ購入しなくても家にある箱や不要になった雑誌などで十分代用できます。

最後にもう一点、オフィスで使っている家具が自宅でもぴったりくる、とは限りません。それは、靴を履いているオフィスと素足の自宅では、高さが異なるという理由から。

ほんの数センチのことでも、差尺が合うと快適さが違うもの。ぜひ、自分に合う差尺で快適な作業環境をつくってください。

豆知識

テレワーク環境では、パソコンのタイプや高さ調整のサポートグッズの有無など、個々に状況が異なります。

ディスプレイとの関係からみた高さと配置は、左記が目安になります。

・画面の上端が目の高さとほぼ同じか、やや下になる高さ
・概ね40㎝以上の視距離が確保できる位置

ちなみに手のひらを大きく広げた親指から小指までの距離が、約20㎝です。2倍の40㎝は、テレワーク時の適切な距離によくでる数値です。自宅の他、カフェやコワーキングスペースなど、さまざまな場所で適切な距離（Healthy Distance）を保つことを意識してみてください。

（引用）
厚生労働省．情報機器作業における労働衛生管理のためのガイドライン．2019年

心地良い関係をつくる「90度」の魔法

リモートワークが普及し、夫婦が家で過ごす時間が増えるなか、「夫婦喧嘩が増えた」、「3食つくる手間が増えて大変」といった声も聞こえてきます。

やはり独立した仕事場が確保できないことが原因であることも少なくないようです。例えば、共働きのAさん夫妻は、夫が勝手にダイニングを仕事場にしてしまい、オンラインで打ち合わせをする声がうるさくて、自分の仕事に集中できないのが悩みです。おまけに食事を1日3回用意するなど家事が激増。にもかかわらず、まったく手伝おうとしない夫にイライラし、口喧嘩が絶えないのだとか。

サステナブルな夫婦関係をキープするには、こうした事態に対処することが必要となります。

私は、テレワーク環境で、仕事時間のイライラもオフの時間で解消できるような工夫ができればと考えました。では、オフの時間に家族が良い関係をつくるにはどんな方法があるでしょうか。

それは、家具の配置を調整することです。

図表 5-6　親しみやすさは座る角度で変わる

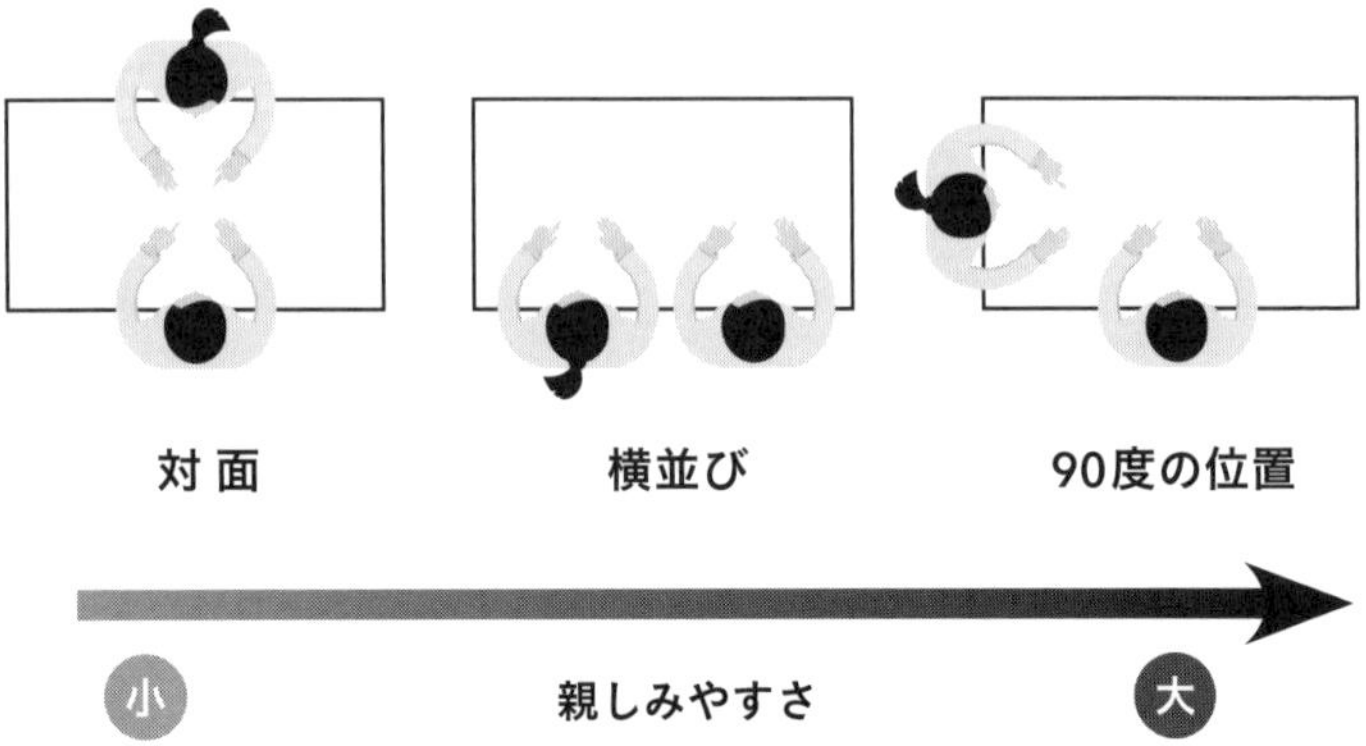

「90度法」という言葉をご存じでしょうか。それは、相手と90度の角度で座ること。テーブルと椅子の配置は、横並びや対面よりも90度の位置で座るほうが、お互いがオープンになりやすいといわれています。対面する位置とは違い、常に目を合わせる必要がないことや物理的な距離が適度に縮まることから、緊張感を持たずに会話することができるのです。この90度法はカウンセリングの現場でも利用されていることからも、とても有効な位置関係であることがわかります。

こうした特徴を踏まえ、例えば長方形のダイニングテーブルなら、長手と短手にそれぞれが着席できるよう、空間のなかでのレイアウトを調整してみてはいかがでしょう。なお、ダイニングテーブルには、長方形のほか、正

方形や円形、楕円形などいろいろな形があります。正方形は90度法がより取り入れやすく、円形や楕円形はどの位置からも視線を中央に集められるほか、角がない形状からやさしい印象もアップし、団らん向きといえます。

人と向き合う角度は、家具の使い方次第。上手に配置すれば、座るだけでコミュニケーションしやすい環境を生み出すことができるのです。

オフの時間を心地よく過ごせる空間にすることも、テレワーク環境を快適にするアイデアのひとつです。

コミュニケーションとインテリア

家具、色彩、照明などの選び方、使い方次第で、人と人との距離を近づけたり、遠ざけたり、特にスムーズなコミュニケーションを重要視する場面で、インテリアはその力を発揮します。そのことを如実に物語る面白い事例があります。

バブル期絶頂のころ、人気店を生み出すルールとして空間デザイナーが考えたバー空間の仕掛けは「声のかけやすさ」でした。初対面であっても瞬時に「心の距離を近づける」ために、カウンターに座っている人の目線とお店に入ってきたときの立った状態での目線が自然に合うように空間をレイアウトし、椅子の高さなどを調整したといいます。

この工夫は住宅づくりでも利用されています。例えば、キッチンに立つ人とリビングでくつろぐ人の目線が合うようにスキップフロアを取り入れて団らんを育むというのも、そのひとつ。ちなみに、スキップフロアとは壁で仕切らず、床の高さを変えることで立体的に空間を分ける間取りのことです。限られた面積でも、スキップフロアを採用することで視線が通りやすく、開放的な空間づくりが叶います。例えば、キッチンの脇に階段があるなら、ベンチ代わりにそこに座ると、キッチンに立つ人と目線の高さが揃います。

図表5-7　コミュニケーションは「目線の高さ」で決まる

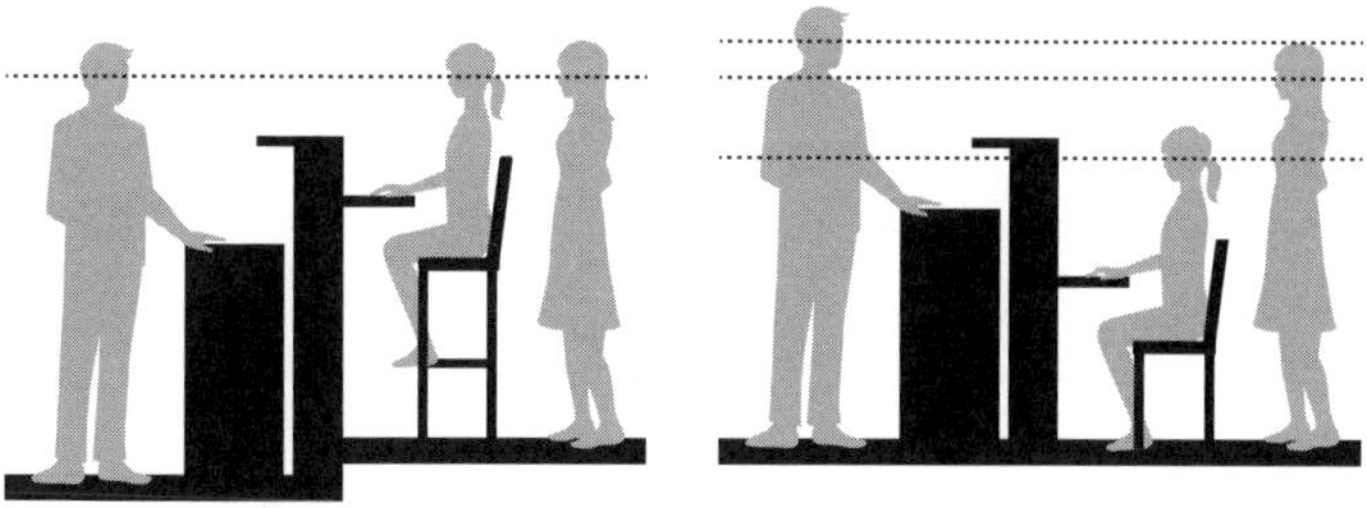

思えば、子どもの話を聞くときに、しゃがんで目線を合わせるのは、安心感や相手を理解しようという姿勢を自然に伝えたいという思いから。それと同じように、同じ高さで目線を合わせると、人と人との間には親近感が生まれるという心理効果があります。住まいのなかでは、立ったり座ったりと、さまざまな目線の高さが存在しますが、家族の行動の先に自然と視線が重なり合うようなレイアウトも、団らんにつながるインテリアの仕掛けといえるのです。

これを逆の面から考えると、目線の高さをずらすことで、ひとつの空間に家族それぞれの個別エリアをつくることも可能です。ドアや仕切りを設けずに床の高さの違いだけで空間を区切ることができるので、自然に独立した空間になる、というわけです。家族それぞれのテレワーク環境を確保したいときには、高さの差を利用します。この手法はデッドス

ペースを減らし、空間を有効活用できるのが特徴です。スキップフロアのよくいわれるデメリットに段差が増えることがありますが、これも先程のＮＥＡＴから考えると、メリットになり得ること。これから家づくりをする方は、床の高さを変えて空間をつくるスキップフロアの発想を取り入れてみてはいかがでしょう。

コミュニケーション空間におすすめの色

テレワーク環境では、今まで以上に家族との時間が増え、距離も近くなるでしょう。インテリアでは、色調の選び方、カラーコーディネーションによって緊張感を和らげ、コミュニケーションをサポートすることもできます。

なかでも、会話が弾む楽しい雰囲気をつくるならオレンジが最適です。オレンジは、集う人の心をひとつにする力があるキャンドルの明かりの色。また、ポジティブな印象を与える「イエロー」も心に安心感をもたらすため、コミュニケーションにおすすめの色といえます。

どのような色とも組み合わせしやすい「白」ですが、青みがかった白は、白色系の光との相乗効果で緊張感を助長し、刺激になるケースもあるので使い方に注意が必要です。

一方、白に近い生成り色は、リラックスを促す色として知られています。近ごろ、ファッション界では、オフホワイトやアイボリー、ライトベージュのような白に近い淡い生成り色を「エクリュカラー」と呼び、同系色でまとめるエクリュのワントーンコーディネートも人気です。ミルキーでやさしいエクリュは、グレーがかった〝くすみカ

ラー〟のファッションとも合わせやすいそう。今、求められている白は、青みがかった白でも目の醒めるような白でもなく、温かみのあるエクリュだと思います。

白はコーディネートのベースカラーであり、時代のトレンドに合わせて、昔も今もさまざまな場面で活用されています。特に日本の場合、「白い壁紙」は空間の大半を占める、ベースとなる存在。

ただし、白い壁紙とひと言でいっても微妙な色味の違いによって空間イメージは左右されます。光との相性、家具との相性、建具、カーテン……等々。微妙な白の色味を上手にコーディネートすることで、心地の良いバランスが生まれます。だからこそ、「白選び」はインテリアにとって、とても重要な作業といえるのです。

自然界の色、ベージュは仕事とプライベートの万能色！

光の色に反応して筋肉が緊張したり弛緩したりすることをご存知でしょうか？　この緊張度合いを数値化したものを「ライト・トーナス値」といいます。これは人間が色を目だけではなく、肌でも識別していることを証明するためにつくられた値で、両目を隠した状態で、身体にさまざまな色の光を当てていくという実験を繰り返して筋肉の緊張度合を示すものです。

そんなライト・トーナス値では、ベージュは最も筋肉が弛緩する色となっています。「筋肉が弛緩する」とは、リラックスしている状態になることを意味します。逆に最も緊張する色は赤。血圧まで上げてしまうともいわれています。そもそもベージュとは、大地や樹木など自然を代表する色のひとつ。和室がなぜか落ち着く理由も、ベージュを基本とした色で構成されていることが理由です。

つまり、ベージュが身近にあることで人は自然にリラックスすることができるのです。

自宅のなかで仕事とプライベートを切り分けて行う必要に迫られている今、ベージュこそ、その救世主となる色なのかもしれません。

例えば、ワークスペースでは、ベージュを基本に、脳を活性化して思考能力を高めるとされる青のアイテムを加えてみる（独立したスペースがない場合は、小物に取り入れてみるのも一案です）。第3章でもご紹介しましたが、脳科学的には「〝リラックス〟と〝集中〟が共存する状況こそ、最もパフォーマンスを高める」といわれています。

一方、プライベート空間でもベージュをベースカラーに、好きな色をアクセントで取り入れます。どちらにとってもリラックスは大切な要素。そう考えると、テレワーク空間のコーディネートにとって、ベージュは万能色なのです。

素材選びもリラックス仕様で

さらに、素材選びにもこだわりたいところです。

テレワーク時代のストレスを軽減するには、安心感が漂うリラックスした雰囲気も必要です。ここに関係するのが、素材です。

インテリアの素材は、私たちの五感、特に触覚とダイレクトにつながっています。

例えば、日常的に手が触れるダイニングテーブルや椅子などに、木の素材感を取り入れてみてはいかがでしょう。加えて、こだわりたいのが木質の塗装仕上げ。素地を感じる無塗装かオイル塗装なら、副交感神経の活動を活性化する働きが期待できます。

また靴を脱いで暮らす日本の文化において、心地良さや安心感、懐かしさ、床材の違いによる微妙な温度など、私たちは多くの情報を足裏の感触で無意識に感じ取っています。足裏には空間を感じ取るための重要なセンサーが多く備わっているのです。

■足裏に分布する感覚神経

足裏の感覚神経は「体性感覚」といい、皮膚・筋肉・腱・関節にある受容器からさまざまな感覚を脳に伝えています。

1、触圧覚（触覚や圧力の情報を脳に伝える）
2、温度覚（温熱・寒冷を伝える）
3、痛覚（痛みを伝える）
4、固有感覚（空間内における身体の位置や動きを感知し伝える）

近年の住まいでは、圧倒的にフローリングが好まれるようになりました。カーペットとフローリング、両方にメリット、デメリットがあると思いますが、住まいのリラックス度を高める点で、カーペットの良さを取り入れてみるのも一案です。リビングのソファサイドや素足で過ごす寝室は、特にカーペットによるリラックス効果が発揮されるおすすめの場所だといえます。部屋全体ではなく、部分敷きのラグマットでもＯＫです。朝起きたとき、まず足が触れる床部分に小さなラグマットを敷くだけでも触圧覚と温度覚が刺激されます。また足裏の温度低下は血圧上昇につながるといわれています。特に秋から冬にかけては、カーペットやラグマットで、リラックスと温かさのケアも取り入れてみてください。

健康的な暮らしには、リラックスできる環境が不可欠です。

リラックスにより自律神経を整え、副交感神経を優位に働かせましょう。カラダとココロをほぐすことで、免疫力アップなど健康面へのさまざまなメリットを得ることができます。

団らんの場が色や素材の選び方によって、リラックスモードへの切り替えスイッチになるかもしれません。

豆知識

カーペットのメンテナンスが気になる方には「ウール」がおすすめです。天然繊維であるウールの良さは、繊維表面で水分を弾く性質があるところ。汚れが内部まで浸み込むのに時間がかかるため、他の素材と比べて汚れがつきにくく、また天然の調湿作用があるので、多湿を好むダニが発生しにくい素材でもあります。

（引用）

Ikei, Harumi, Chorong Song, and Yoshifumi Miyazaki. "Physiological effects of touching coated wood." International journal of environmental research and public health 14.7 (2017): 773.

「緑視率」を意識する

副交感神経が働くとリラックスした状態になり、集中力アップにもつながります。なかでも働く環境におすすめなのが、観葉植物や多肉植物といったインテリアグリーンです。インテリアグリーンを置くことで室内に無機質さが消え、みずみずしさが加わります。また、植物の色合いが私たちの脳に癒しを与えるほか、樹木から放出されるフィトンチッドという物質が副交感神経を刺激し、リラックス効果につながります。また、スパティフィラムやサンセベリアといった植物は空気を浄化する働きもあるといわれています。

さて、そんなインテリアグリーンは、近年、仕事のパフォーマンスを向上させる効果への期待も注目されています。

「緑視率」という言葉をご存じでしょうか？

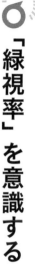

図表5-8　視界のグリーンは集中力を高める

これは私たちの視界に占める緑（植物）の割合のことで、今まで建物の設計や街づくりの一指標として用いられてきましたが、昨今の働き方改革によるオフィス空間づくりのなかでも注目されています。

ある研究によると、視界に緑を取り入れることで、人はパフォーマンスが向上するのだそう。リラックス効果だけでなく、パフォーマンスを高めることも期待できるなら、テレワーク環境にもグリーンを積極的に取り入れてみたいところです。

では、どんなふうに取り入れるのがよいのでしょうか。

デスクに座った位置から緑視率を意識し、グリーンを配置します。さらに〝視界に占める緑〟を増やすには、家具レイアウトを変えてみるのもひとつの方法です。

例えば、窓からグリーンが見えるならデスクの配置を窓向きに変えるというのはいかがでしょう？　実際、私のお客様で、全面に緑の借景がある窓にダイニングテーブルをぴったり寄せて配置した方がいらっしゃいます。窓から緑が眺められる席を食事とテレワーク、兼用にすることで、どこよりも落ち着いて作業ができるお気に入りの場所になったそうです。

室内と室外、双方のグリーンを上手に使って、いつも視界にはグリーンがある、という空間づくりができれば理想ですね。

また、リラックススタイルには「不揃い感」がキーワード。鉢はサイズを揃えず、室内への飾り方も床置きとハンギング（上から吊るすスタイル）を混ぜるなど、高さもサイズもあえて不揃いを意識しながら、自然な樹形のグリーンを組み合わせると素敵です。

グリーンはインテリア空間を生き生きと魅せる以外に、さまざまな効果も期待できる嬉しい存在。これからはリラックスと作業性アップ、それぞれの部屋の用途に合わせて積極的に取り入れ、テレワーク環境のなかで効果的に活用してみませんか？

（引用）

Wolverton, Bill C., Anne Johnson, and Keith Bounds. "Interior landscape plants for indoor air pollution abatement." (1989).

松本博，源城かほり．〝観葉植物のグリーンアメニティ効果に関する研究（第1報）植物がオフィスワーカーの心理・生理反応及びプロダクティビティに及ぼす影響．〟空気調和・衛生工学会大会学術講演論文集1」(2012)：961-964.

6章

知っておきたい
空間デザイン
メソッド

リラックス空間をつくる「不揃いの美」

生活環境のなかの刺激に気づき、その要因を取り除くこと。さらにカラダとココロの健康をサポートする空間をつくること。

これは、テレワークにとっての大切なセルフケアになると考えています。

リラックスを与え、心を穏やかな状態に導く生活環境は、これからますます増加する多様性のある働き方にとって、重要な役割を果たすことは間違いないでしょう。

今、これまでのインテリアの調整力は、時代を支える新たな方程式へと進化しています。これらを上手に使いこなすことこそ、最高のテレワーク空間をつくるために必要な技術だと思っています。

では、その方程式とは、どのようなものでしょうか？

キーワードは「不揃いの美」です。

数年前のアメリカで心地良い住環境に身を置いたとき、思わず頭のなかに浮かんだ言葉でした。

私はこれまで定期的にロサンゼルスを訪問し、カリフォルニアの住宅を60軒程、見てきました。実際に、住まいである空間をプライベートなエリアまで包み隠さず見せてくださるのも、撮影現場として住宅が使われることが一般的な映画の街ハリウッド・ロサンゼルスならではの文化です。

オーナーの方々が思い思いにスタイリングされた住宅はバリエーション豊富で、こだわりもさまざま。そのなかで共通して感じたキーワードが、「不揃いの美」でした。

上質ななかにもラフな雰囲気があり、ソファやチェア、そしてちょっとしたインテリア小物まで、整えすぎないことで自分なりのリラックススタイルにつなげているのです。例えば、フレームの色や形は不揃いを組み合わせ、壁いっぱいにアートを飾ったり、デザインの異なる家具や素材違いの張り地を組み合わせたり――。上質で大人のリラックス感を演出するために、あえて〝外しアイテム〟を取り入れながらコーディネートされています。

そういう目でまわりを見渡してみれば、「不揃いの美」は身近に増えているのではないでしょうか。

カフェではタイプの異なる椅子、テーブルが用意され、その日の気分に合わせて席が選べる店が増えました。オフィスの椅子やテーブルも、色や形違いはもちろん、スタンディングスタイルも含め、不揃いでまとめられたプランが人気です。

私たちの住まいでも、例えばダイニングの椅子を一脚ずつ違うデザインにする、昔から愛用しているソファを新しい家具と合わせてみる、あるいはテーブルと椅子の木の色をあえて合わせない、といったあえての不揃い感が居心地の良い空間を生み出します。

つまり、リラックス空間は「不揃いの美」によってつくられているのです。

6 カラーと省エネの関係

カラーは人の「カラダとココロ」に大きな影響力をもっています。

例えば「珈琲の味はカップの色で変わる」というのをご存知ですか？

濃い茶色、赤、青、黄の4色のカップで比較したところ、まったく味が違うというのです。一番味が濃かったのは、濃い茶色。黄色は薄く感じるという結果でした。

ある珈琲店のマスターも、試しにやってみたところ「ほんとに違うんだよ！」と話してくれました。味覚は目（視覚）で感じている部分が多いので、色が味を左右するのでしょう。

ダイニングテーブルに敷いたランチョンマットの色が、料理の味を変える可能性もあります。これは「食と健康」に役立つ、インテリアのアイデアにもつながります。

また、インテリアに関わる色の影響といえば、進出色と後退色の存在です。進出色は、赤やオレンジなどの暖色系や彩やかな明るい色で、前に飛び出して近く見える色。後退色は、青や紫系などの寒色系や暗い色、グレイッシュな色を指します。同じ洋服でも色

によってスリムに見えたり、大きく見えたりするのと近い感覚です。

例えばインテリアで、進出色と後退色を同じ面で使うと、立体感（デコボコ）が際立ちます。目立たせたい場合は効果的なテクニックになりますが、より広く圧迫感のない空間に魅せたい場合は、面積の大きい進出色は避けたほうが無難です。

インテリアは面積が多いだけに、位置感覚への影響も大きいのです。

また、暖色系と寒色系では、心理的温度差（体感温度）に3℃も開きがあります。

ある工場のカフェテリアは壁の色が青色（寒色）でした。従業員からいつも「寒い、寒い」という声が出ていたので、空調を3℃高めてみても、寒いという声がなくならない。そこで、壁の色をオレンジ（暖色）にしたところ、今度は暑いという声が出て、結局もと

図表 6-1　色は味覚を左右する

の室温になるよう3℃下げたところ、みんな満足したというのです。

これらのエピソードからも、カラーは人にさまざまな影響を与えることがわかります。

カラーは「好き」という気持ちで選ぶ、という考えはもちろん大切です。勝負カラーは○○色！　と決めている人がいるように、カラーはモチベーションをあげる力ももっているからです。

そして、テレワーク環境でもカラーの力はぜひ活用したいもの。自宅でのテレワークになり、光熱費が心配だというお声をよく聞きます。身体のことを考えても、冷やしすぎや暑すぎはよくありません。

そこでおすすめしたいのが、季節に合わせたカラーの使い分けです。夏は目につくところに寒色系を。逆に冬は、暖色系を増やしてみましょう。

カーテンは面積が大きいため、カラーの効果も高くなりますが、季節によって掛け替えが難しい場合は、いつも視線に入るもの、例えばクッションなどの色を変えてアレンジしてみてください。

身体に無理をかけない、エコな温度設定にカラーを組み合わせて、快適なテレワーク

環境を整えてみましょう。

■眠りを誘う　色の効果

眠りを誘う色というものもあります。それは夏の安眠づくりでいうと、体温を下げるような働きをする色のこと。例えば「ブルー」は色の体感温度が低いため、人の血圧を下げ、緊張感を取り除く鎮静作用があり、〝眠りに誘う色〟といわれています。体感温度を3℃程度下げる効果を考えると、涼感を誘うさわやかな夏の寝室にもぴったりな色でしょう。

ブルーには淡い水色から紺に近い藍色までさまざまありますが、濃度の違うブルーをグラデーションで組み合わせると、表情豊かな深みのあるコーディネートが楽しめます。ベッドシーツやクッションカバーなどのベッドリネンをはじめ、アートやアロマキャンドルなど、気軽に試せる身近なブルーを、寝室のインテリアに取り入れてみてはいかがでしょう。

マインド効果で健康に

環境変化が人に良い影響をもたらす事例に、私はこれまでたびたび遭遇してきました。以前、インテリアコーディネートを担当させていただいたお客様のYさんも、その一人です。おひとり暮らしのYさんは、初めてお会いしたとき、家で食事をすることもなく、キッチンが使われている様子がありませんでした。リビングダイニングには、小さなテーブルがひとつだけ。お仕事も忙しく、家は寝に帰る場所という使い方を伺っていましたが、あることをきっかけに部屋のインテリアを一式揃えたいとご相談を受けました。リビングルームにはソファを新調し、ダイニングは窓から夜景が見える位置に、お客様も座れる4人用テーブルを配置しました。もちろんベッドルームも含め、各室にインテリアでそれぞれの用途をつくり完成したのですが、驚いたのはその後のYさんの変化でした。

「飲むお酒が変わりました」と夜景の見える席で、お友達とワインを楽しむ様子を嬉しそうに話してくださいました。さらに、ランチは自宅に帰って自炊されているというのですからびっくり。住まいでくつろぐ時間が長くなり、お酒のほか、食事の内容もガ

ラッと変わったYさん。環境変化がそこまで影響を与えるとは！　想像以上の行動変容へとむすびついた結果に、とても驚いたことを覚えています。

第5章で、オフィス環境がNEATを高めた事例でもご紹介したように、環境変化は、健康にさまざまな影響をもたらします。

まさに私が関わった事例でも、空間が変わることで行動が変わり、まわりとの自然なコミュニケーションの増加や生活リズム・睡眠の改善などにもつながりました。これを私はインテリアによる「マインド効果」と呼んでいます。インテリアが人の心を動かし、健康にも良い影響をもたらす効果を意味します。例えば、医療用語で偽薬を意味する「プラシーボ」という言葉があります。本当は薬ではない成分を投与したにも関わらず、症状が回復したり和らいだりする現象のことを言います。

ここで注目するのは本物か偽物か、ではありません。人の心の持ちようがプラスの効果を生むという「プラシーボ」は、空間づくりに応用できると思うのです。

癒されそう、楽しそう、温かそうなど、イメージによって人の心に訴えかけるのはインテリアが得意とする分野です（逆にいうと、冷たそう、緊張する、怖そうというイメージで空間をつくれば、その通りの反応が返ってくることになります）。

なかでも、その場にいる人の精神状態を左右する「色彩」は、先程ご紹介した体感温度のように、空間そのものの印象に大きな影響を与えます。また、空間のなかで占める分量や隣り合う色によって同じ色でも見え方が変わってくるため、カラーコーディネートを考えるときは色を単体で見るのではなく、空間全体のなかでのバランスを見ながら色選びを進めるのがポイントです。

テレワーク環境は、心がいつも穏やかで落ち着いていられるよう、過去からのさまざまな法則を使い、住まい全体から心身に良い影響がもたらされるよう、整える視点が大切です。

インテリアを心地よくまとめ、マインド効果を味方につけ、快適なテレワーク環境づくりに活用してみてください。

メリハリと同化の法則

カラーコーディネートでよく迷うのが、床と扉、床と家具の色の組み合わせです。これには「メリハリと同化の法則」を当てはめることができます。

■メリハリのコーディネート

例えばダーク系の家具や床色に対し、白いカーテンや扉を組み合わせるのが、メリハリのコーディネートです。お互い反対色が隣り合うため、それぞれの形がハッキリと際立ち、シャープな印象にまとまります。メリハリは色を対比させることがポイントになるため、違った色を大胆に組み合わせたほうが効果的。どちらかといえばスッキリとで印象的な空間にまとめたいモダン系コーディネートの場合に合うスタイルです。

■同化のコーディネート

メリハリに対し、近い色同士を組み合わせるのが、同化のコーディネートです。床と壁、床と家具など、同系色でまとめるとそれぞれの境目がわかりにくくなるのが特徴で

図表6-2　色使いで変わる「メリハリ」と「同化」

す。まったく同じ色でなくても、近い明るさや色合いを選ぶことでやわらかなグラデーションが生まれ、空間全体がフワッとやさしい印象にまとまります。明るい床色に、ベージュ系の壁紙、家具は床色に近い木色を選ぶなど、どちらかといえば、ナチュラル系、やさしい印象にまとめたい場合に合うスタイルです。

また同化は、バラバラなものをスッキリ見せるためのテクニックとしても使えます。キッチン空間のように、家電やグッズであふれる雑然としがちな場所は、それぞれの色を同化させるだけですっきりとした印象に。「キッチンはホワイト系で統一」といった同化のルールをつくれば、生活感が出やすい場所も整った雰囲気になります。

「錯視」を効かせて魅力ある空間を

「錯視」とは目の錯覚のこと。インテリアでは空間の狭さや圧迫感解消のために使うテクニックですが、これもマインド効果のひとつです。

例えば、同じ長さの線でも、矢羽を内向きに付けると線は短く見え、外向きに付けると線は長く見えます（**図1**）。また、同じ形で同じ大きさの長方形でも、内側に線を描くほうが横に短く厚みがあるように見えます（**図2**）。

こうした錯視は、ファッションでよく使われます。例えば、ロング丈のカーディガンを縦のラインを強調して細く見せたり、手首や足首など身体の細い部分を出すことで全身が細いかのように見せたり。同様に部屋の面積は、増築でもしない限

図表 6-3　錯視の図

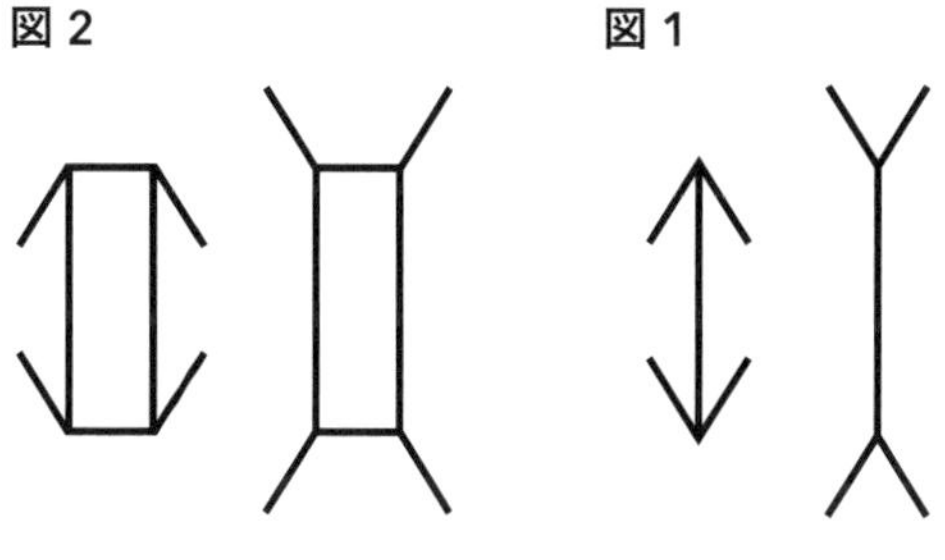

り大きくできませんが、こうした錯視テクニックを利用することで、広く開放的に見せることができます。

■天井を高く見せる

間接照明を使い天井を高く見せる方法は第4章でご紹介しましたが、それ以外にカーテンを利用する方法があります。窓の高さに合わせず、天井に近い、より高い位置から取り付けると、窓が実際以上に大きく見え、空間を広々見せてくれます。

新築やリフォームであればカーテンレールを天井に埋め込む「埋め込みカーテンボックス」にすることで、最も高い位置からカーテンを吊るすことができます。

ほかに、細長いシルエットのバーチカルブラインドを設置する方法もあります。

さらに窓まわりをスッキリみせたいときも、カーテンが役立ちます。

腰窓（床と天井の中ほどの高さにある窓）と掃き出し窓（床面まであり屋外に出ることができる窓）のようにサイズが違う窓が並ぶとき、同じ生地を選んでもスッキリ見えないことがあります。

この場合、窓サイズに合わせないカーテンアレンジが解決策になります。カーテンの

図表6-4　窓の高さ違いをカーテンでカバーする

長さを合わせることで、見え方に統一感が生まれます。

■**奥行きを出す**

天井を高く見せるのとは逆に、空間の奥行に壁紙の柄を合わせましょう。

壁紙は、貼り方向を指定することで縦横どちらの向きにも貼ることができます。フローリングと同じような考えですが、一般的に木目は、長手方向に流れが向くように貼ると良いとされています。

内装材の流れを、空間の形状に寄り添わせることで、空間をより広くのびやかに魅せることができます。

■**フォーカルポイントは左側に**

空間のアクセントにアートをかけたり、

趣味のコレクションを飾ったりする場合、右脳と左脳の特性から、一般的に左側に配置するほうが印象に残りやすくなります。

というのも、文学や言語などの論理的思考を得意とする左脳に比べ、ひらめきやイメージ、図形を読み取る力などの分野に敏感なのが右脳。右脳は、芸術的な絵を見たり、音楽を聴いたりする際に活発に働き、感覚的に物事を捉えるため、空間のイメージも右脳に働きかけると、より効果的に見せることができるのです。

右脳は、身体の左半身をコントロールしており、左目に飛び込んで来たものは右脳に伝わります。そのため、空間のアクセントとなるものは右側ではなく、左側にアレンジするほうが、より印象的に感じてもらうことができるのです。こうした空間のなかの見せ場を「フォーカルポイント」といいます。

ちなみに、このフォーカルポイントの手法は逆の考えでも使えます。見せたくないものは、印象に残りにくい右側に置くのがおすすめです。

■オープン棚を飾るふたつの法則

オープン棚に本や小物を配置するときは、ふたつのポイントをおさえましょう。

①ジグザグ

形や色など、同じ共通項をもつ小物は上下の列を合わせず、対角を意識し、ジグザグ

図表6-5　飾り方の基本ルール

① ジグザグ

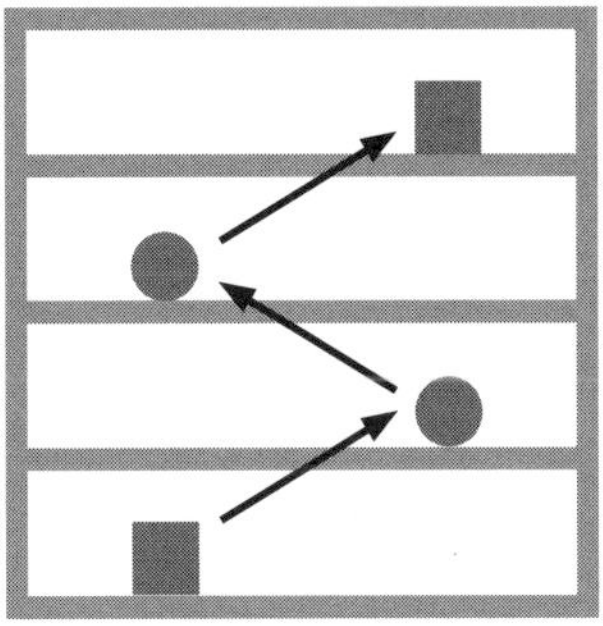

② 下から上へ

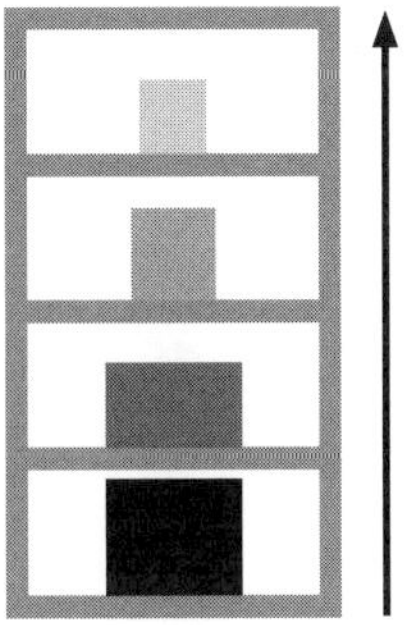

に並べます。共通項は、色が同じ（近い）もしくは形が同じ（似ている）などでOKです。棚の数や幅によって、置ける数も変わりますが、概ね「ジグザグ」を意識するとバランスよく、落ち着いて見えます。

②下から上へ

どっしり重心が重いもの（重く見えるもの）や、色が濃いものから順に、下から上へ設置します。実際に重いかどうかは別ですが、見た目的な重さで置き場所を選ぶほうが安定感もあり、落ち着きます。本や箱など、棚の上か下かで迷ったときの法則です。

インテリア空間を演出するにはセンスが必要だと思われがちですが、実は、目の錯覚や活用できる法則がいろいろあります。

テレワーク環境を整えるために、ぜひインテリアの法則を取り入れてみてください。

「ゆらぎ」を楽しむ屋外空間

里山や森、高原など、美しい緑や水のそばでゆっくりと深呼吸をしてリラックス。自然豊かな場所にいると、私たちの心身は満たされ、元気を取り戻します。

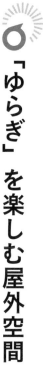

例えば、近くの山中ウォーキング。実は、森のなかを歩くと元気になるメカニズムは医学的に解明されています。森に心身を癒す作用があることは100年以上前から海外で研究されてきた分野。近年では日本でも「森林療法」がNK（ナチュラルキラー）細胞を活性化させて免疫機能を高めることが報告されています。月1回のペースで森林浴をすれば、その効果を維持できるようですから、取り入れてみたいものですね。さらに現在は、樹木ごとの成分がどの疾患に良いかなども明らかにされつつあるのだとか。自然に身を置く健康法に、ますます期待が高まっています。

音楽などで耳にすることも多い「1／fゆらぎ」も、そんな自然がもたらす力のひとつです。暖炉の火、キャンドルの炎、小川のせせらぎ、波が打ち寄せる音、木々のそよぐ音――。身近な暮らしのなかにあるゆらぎに触れていると、なぜか時間を忘れてしま

います。その理由は、ある程度、規則性があって予想はできるものの、完全に予想ができないことにあるようです。「適度な予想の裏切り」を人は心地よく感じるといわれているのです。

こうした「ゆらぎ」は、もともとインテリアと大きく関係しています。

以前、ある福祉施設のテラスをリラックスできる休憩スペースにリニューアルしたときのこと。スタッフの方が「植栽の葉がゆらゆらと揺れるのがいい」と、テラスの魅力が「ゆらぎ」であることを教えてくれました。その場所では、リニューアル以前にも同じような風は吹いていたはずですが、床と壁だけの屋外空間では、風が吹いてもその存在を感じにくいもの。確かに、植栽をたっぷり配置したことで葉のゆらぎが見えるようになり、風を感じる屋外空間になったのです。

リニューアル直後はまだまだ暑さが続く夏でしたが、吹く風を味わいながらのテラス時間は心地よく、くつろげる場所になったそうです。

空間はインテリア（中身）が入ってこそ、心地よさ、リラックス感が生まれます。こうした理由のひとつは、インテリアには「ゆらぎ」があるからではないでしょうか。人は「ゆらぎ」によって癒される。そう考えると、窓から見える庭やベランダに植物を置くことや、窓を開けて風になびくカーテンを眺めることはリラックスにおいて重要な役割を担っているといえます。

テレワークでは、ディスプレイから1時間ごとに目を離し、遠くを眺めて目を休めるよう推奨されています。座りっぱなしと同時に、目の緊張状態が続くこともまた、身体への負担になっています。

ひととき「ゆらぎ」を感じて、目を休めてみてはいかがでしょう。ゆらぎはそのリズムからも、癒しを与えてくれる存在です。

規則性からの適度な裏切りによって、心地よさを生み出す「ゆらぎ」を身近に感じられるような、あなたらしいリラックス空間をつくってみてください。

エピローグ

ありのままの自分と、生活者としての感覚を活かした仕事がしたい――。

初めての子育てに追われる中、いつか一生関われる仕事に就きたいという想いを抱えた私に、ある日の朝刊から飛び込んできた文字が「インテリア」でした。前職を通じてインテリアに淡い憧れの気持ちはあったものの「プロとなり一生の仕事にする！」とまでは、正直想像していませんでした。ただ、今思えば、その日を境にインテリアへの探求心に火が点き、猪突猛進、まっしぐらに突き進んできたように思います。

インテリアは知れば知るほど奥が深く、興味の対象が尽きません。目の前のお客様の悩みを解決しようと動けば動くほど、新しい世界と出会い、知識を得ることが出来ました。現場経験を重ねる中で、インテリアを健康に役立てるための医療に興味を持ち、公衆衛生を学ぶようになったのも、全てはインテリアを通じた人との縁や出会いが、私に道を与えてくれたのだと感じます。

私の仕事を表すのに、インテリアコーディネーター、インテリアデザイナーなど様々な呼び名が存在しますが、私は欧米のインテリア専門職の名称として使われる「インテ

リアデコレーター」としています。度々訪れた住宅視察先のアメリカ、ロサンゼルスでも、「住環境の総合プロデューサー」として活躍するインテリアデコレーターの仕事に触れてきました。あるLA住宅のオーナーは、デコレーターとの記念写真を部屋に貼り、家の魅力と専門職の存在意義について熱く語ってくれました。「クライアントの究極の快適」を目指すために、求められる知識も仕事の幅もデコレーターの役割は多岐に渡ります。つまり、必要であれば一般的なインテリアの枠を超えた役割も担うという点が、私が考えるインテリア専門職と通じることから肩書として使うようになりました。

これまでの私は、自分の仕事はこうあるべきというこだわりより、目の前の人（お客様）のメリットを優先して動くことを大事にしてきました。コロナ禍で自宅での自粛生活が長引く中「アクティブ・ケア」が役立つという思いはありましたが、公衆衛生の学びは道半ば。そう考えると本書をまとめるにあたり、もっと先のほうがいいのでは？という考えが巡っていたことも確かです。ただ、今まさにコロナ禍で多くのテレワーカーが困っている現状を知っていながら、インテリアのプロとして何も行動しなくて良いのだろうか――。そう自問自答する私の背中を押し、力強い言葉で応援してくれた方々がいなければ、本書は完成しなかったでしょう。

成城学園の学園長補佐・森由美先生はエンジニアとして企業在籍時に工学、医学の博士号を取得され、現在は教育者として活動されています。生活環境と密接な二つの分野

を、わかりやすく伝えるという視点から多大なご協力とご助言をいただきました。また公衆衛生大学院へ導いて下さった帝京大学の津田洋子先生、照明学会専門会員の中尾晋也さん、日本インテリア健康学協会理事として共に活動する吉岡忠彦さんにも、貴重なご助言を多数いただきました。この場をお借りして心から感謝を申し上げます。

本書の完成と同時に、菜インテリアスタイリングは設立15年目を迎えます。お客様をはじめ、これまで出会った多くの方々からいただいた言葉や貴重な経験、そして家族の存在が支えとなって、歩みを続けられたことに改めて感謝しています。工事業者さん、職人さん、メーカーの方々……空間づくりでは多くの仲間がワンチームとなって、課題の解決策を探ります。私がつくりたい！　という空間のために、知恵を絞り協力してくれた多くの仲間にも改めて感謝を申し上げたいと思います。

本書はテレワーク中の方が、ご自身で環境からセルフケアする手法について書きました。また企業の方へは、社内のテレワークを快適にするための手がかりに本書をお役立ていただけましたら嬉しく思います。テレワークのメリットを活かすためにも、「うちは狭いから……」、「プライベート空間は介入できないから……」とあきらめないで欲しいのです。

テレワーク空間は、光とインテリアで整える。
「最高のテレワーク空間メソッド」によって、一人でも多くのテレワーカーが、健康的な毎日を過ごしていただけることを願っています。

インテリアデコレーター　尾田　恵

【参考文献】

『からだと光の事典』太陽紫外線防御研究委員会・編纂（朝倉書店）
『光の医学　光と色がもたらす癒しのメカニズム』ジェイコブ・リバーマン・著（日本教文社）
『住居医学（Ⅰ）～（Ⅴ）』筏 義人、吉田 修・編著（米田出版）
『人間工学からの発想　クオリティ・ライフの探求』小原二郎・著（講談社）
『新版 暮らしの中の人間工学』小原二郎・著（実教出版）
『建築・室内・人間工学』小原二郎・編纂（鹿島出版会）
『色の秘密　色彩学入門』野村順一・著（文藝春秋）
『保健医療専門職のためのヘルスコミュニケーション学入門』石川ひろの・著（大修館書店）
『プレゼンティーイズム――その意義と研究のすすめ』武藤孝司・著（星和書店）

尾田 恵（おだ・めぐみ）

一般社団法人 日本インテリア健康学協会（JIHSA） 代表理事
株式会社 菜インテリアスタイリング　代表取締役

インテリアデコレーター。大手不動産会社、インテリア事務所勤務を経て、2007年菜インテリアスタイリングを設立。住宅、福祉施設、TV番組など様々なインテリアコーディネート・デザイン、商品開発、情報発信などに携わる。幅広い活動で培った知識・スキルを活かし、インテリアと医療を融合したプロジェクトを基とする、身体と心の健康を目指したインテリア・メソッド「Active Care®」（アクティブ・ケア）を提唱。2018年「日本インテリア健康学協会（JIHSA）」を設立。医療機関との共同研究にも参画し、新たなインテリアの可能性に向け活動を進めている。

現在は、自身も鎌倉でテレワーク中。

■ 所属

公益社団法人日本インテリアデザイナー協会（JID）正会員
経済産業省 JAPAN DESIGNERS　登録
帝京大学大学院 公衆衛生学研究科在学中
照明学会会員
日本頭痛学会会員
日本産業衛生学会会員
日本健康教育学会会員

■ ホームページ

http:// jihsa.jp/
http://sai-interior.co.jp/

ブックデザイン・DTP　柿沼 みさと
編集協力　冨部 志保子（グルー・ラップ）
イラスト　島田 絵里子
校　正　平原 琢也
撮　影　山田 洋和

光《ひかり》とインテリアで整《ととの》う
最高《さいこう》のテレワーク空間《くうかん》

2021年10月10日　初版第1刷発行

著　者　尾田　恵
発行者　岩野裕一
発行所　株式会社実業之日本社
〒107-0062　東京都港区南青山5-4-30
CoSTUME NATIONAL Aoyama Complex 2F
TEL：03-6809-0452（編集）
TEL：03-6809-0495（販売）
https://www.j-n.co.jp/

印刷・製本　大日本印刷株式会社

ISBN 978-4-408-33979-5（新企画）